4·16구술증언록 유가족 활동 단체 제4권

그날을 말하다

4·16합창단

4·16구술증언록 유가족 활동 단체 제4권

그날을 말하다

4·16합창단

4·16기억저장소 기획 편집
(사) 4·16세월호참사가족협의회 지원 협조

일러두기

1. 음절로 식별 가능한 소리를 들리는 대로 전사하는 것을 원칙으로 한다.

2. 의미를 파악하기 위해 추가 설명이 필요할 경우 [ ]로 표시한다.

3. 몸짓, 어조 등 비언어적 행위는 ( )로 표시한다.

4. 구술자가 말을 잇지 못해 말줄임표를 사용하는 경우 ……, …로 길고 짧음을 표시한다.

5. 비공개 영역은 〈비공개〉로 표시한다.

6. 비공개해야 하는 희생자 형제자매의 이름은 ○○, △△ 등의 도형기호로, 생존자의 이름은 A, B, C 등 알파
   벳 대문자로 표시한다.

7. 비공개해야 하는 제3자는 직분이나 소속, 성만 공개하고, 이름은 ××로 표시한다. 비공개해야 하는 숫자는
   자릿수에 상관없이 □로 표시하며, 지명은 □□로 표시한다.

4·16기억저장소에서는 세월호 참사 5주기를 맞아 구술증언 수집 사업의 결과물 일부를 100권의 책으로 발간하게 되었습니다. 이 사업은 2015년 6월부터 다양한 학문 분야 구술 연구자들의 자발적인 참여로 진행되어 왔으며, 세월호 참사를 좀 더 정확하고 다각적으로 기록하고 기억하고자 하는 노력의 일환으로 수행되었습니다.

2014년 참사 발생 이후, 참사 피해자들의 목격담과 경험은 안타깝게도 공식적인 국가기관과 언론의 기록 속에서 철저히 소외되거나 왜곡되었습니다. 그것은 세월호 참사가 우리에게 안긴 죽음과 고통의 충격만큼이나 우리 사회의 끔찍한 비극이었습니다. 따라서 사업을 진행하면서 세월호 참사 희생자 가족, 생존자, 생존자 가족, 어민, 잠수사, 활동가, 기자 등등, 참사의 초기 과정을 직접 경험한 분들의 증언을 우선적으로 수집했습니다. 구술자는 이 사업의 취

지와 방식에 개인적으로 동의한 분 중에서 선정했으며, 참여 과정에 어떠한 금전적 보상이나 이익이 제공되지 않았습니다. 또한 구술증언 수집 사업을 진행하는 동안, 면담자는 연구자이자 참사를 겪은 공동체 시민으로서 최대한 윤리적이고자 노력했습니다.

구술자마다 매회 약 2시간씩 3회를 원칙으로 음성 녹취와 영상 촬영을 하는 방식으로 진행되었고, 증언의 일관성을 확보하기 위해 면담자는 큰 틀에서 공통 질문지를 사용했습니다. 공통 질문지의 내용은 참사와 구술자 간의 관계성에 따라 차이가 있지만, 유가족 구술의 경우 1회차 '참사 이전의 삶, 팽목항과 진도에서의 경험, 자녀에 대한 기억'을, 2회차 '참사 이후 투쟁과 공동체 활동 경험'을, 3회차 '참사 이후 개인 및 가족이 경험한 삶의 변화와 깨달음, 자녀의 현재적 의미'를 중심으로 했습니다. 이처럼 증언 내용은 참사 이전에서 시작해 참사 발생 당시의 경험과 이후의 변화 과정까지 폭넓게 수집했고, 면담자는 구술 채록 과정에서 구술자의 발화를 최대한 존중하고자 했으며, 무엇보다 각자의 특수한 경험과 다른 시각을 충실히 반영하고자 했습니다.

이 구술증언록의 발간을 위해, 채록된 음성 자료는 문서로 변환해 구술자와 함께 검토했고, 현재 시점에서 공개할 수 있는 영역과 할 수 없는 영역으로 구별했습니다. 따라서 책에 실린 내용은 모두 구술자로부터 공개를 허락받은 부분입니다. 비공개 영역은 추후 구술자의 동의를 받아 적절한 절차를 거쳐 추가로 공개될 수 있으리라 생각합니다.

이 구술증언록 100권에는 그동안 우리 사회에 왜곡되어 알려지거나 잘 알려지지 않았던, 참사 발생 직후 팽목항과 진도 혹은 바다에서의 초기 상황에 관한 중요한 증언이 포함되어 있습니다. 또한, 자녀를 잃는 잔인하고 애통한 상황을 겪으면서도 그 누구보다 강인한 정치적 주체로 성장할 수밖에 없었던 유가족의 마음과 경험을 구체적으로, 그리고 여러 각도에서 살펴볼 수 있습니다. 그 외에도, 이 구술증언록은 2014년을 전후한 한국 사회의 여러 측면을 드러내는 귀중한 자료가 되리라고 생각합니다. 무엇보다 국내외의 많은 분이 이 책을 읽어, 장차 세월호 참사의 진상 규명과 역사 서술에 기여할 수 있기를 바랍니다.

구술증언 수집 사업이 진행되고, 책으로 출간되기까지 많은 분의 도움과 지지가 있었습니다. 이 지면을 빌려 부족하나마 감사의 말씀을 전하고자 합니다.

먼저 (사)4·16세월호참사가족협의회와 4·16기억저장소에 감사를 드립니다. 이분들의 신뢰와 적극적인 협조가 없었다면, 이 사업은 처음부터 시작할 수조차 없었을 것입니다. 또한 어려운 정치 환경 속에서도 사업의 취지에 공감해 재정 지원을 결정해 준 아름다운가게와 역사문제연구소에 감사드립니다. 두 단체 덕분에, 이 사업을 4년 동안 계속해 올 수 있었습니다. 그리고 구술증언록 100권의 발간에 동의하고, 바쁜 일정에도 출판 실무를 기꺼이 맡아주신 한울엠플러스(주)에도 감사를 드립니다. 이 외에도 많은 개인과 단체가 직간접적으로 많은 도움을 주시고 격려해 주셨습니다. 여기에 모두 밝히지 못하는 것을 죄송하게 생각합니다.

　말할 필요도 없이, 가장 크고 또 가슴 아픈 감사는 구술자 한 분 한 분께 드리고자 합니다. 이 책이 발간될 수 있었던 것은, 무엇보다 용기를 내어 아픔과 고통의 기억을 다시 떠올리고 장시간 진심으로 이야기를 해주신 구술자가 있었기 때문입니다. 오랜 시간 이야기를 나누며 함께 공감하기도 했지만, 그 아픔과 고통을 어떻게 가늠할 수 있을까 싶습니다. 더 큰 도움이 되지 못함을 안타까워하며, 이 구술증언록 100권의 발간이 피해자분들에게 조금이라도 위로가 될 수 있기를 기원합니다.

2019년 4월
4·16기억저장소 구술팀 책임자
서울대학교 인류학과 교수 이현정

차례

■ 1회차 ■

15
1. 시작 인사말

15
2. 구술에 참여하게 된 계기

20
3. 별명 소개

27
4. 합창단 소개와 구성원의 역할

41
5. 4·16합창단만의 특색과 비용 운용

53
6. 합창단의 탄생

58
7. '네버 엔딩 스토리', 평화의나무합창단과의 만남

78
8. 합창단의 창립

86
9. 합창단 단원들

89
10. 합창단 운영의 고민

96
11. 연습실 풍경과 연습 과정

104
12. 합창단의 의미

108
13. 유가족 단원과 시민 단원들 간의 관계

118
14. 기억나는 공연, 망설였던 공연

128
15. 시기에 따라 달라지는 노래의 의미

133
16. 목포 신항 밤하늘 공연

136
17. 대표곡과 마음이 가는 곡

145
18. 공연에서 있었던 일들

154
19. 모꼬지

158
20. 합창단 외부의 시각

164
21. 앞으로 합창단의 목표

4·16합창단

4·16합창단은 유가족들과 시민들이 모여 하늘로 간 아이들과 세상을 이어주는 그 어떤 곳
보다도 훌륭한 합창단으로 성장했다. 단장인 창현 엄마 최순화를 비롯한 유가족 합창단원
들은 노래를 통한 치유와 연대에 힘써온 사랑의 봉사자들이다. 그들은 노랫말 하나하나에
온 마음을 담아 오늘도 변함없이 전국으로 공연을 나선다. 지금도 아이들의 힘으로 버텨가
며 고된 일정을 소화하고 있는 그들은, 4·16합창단이 있어 세상이 조금이나마 따뜻하게 바
뀌고 유가족과 시민들이 하나 될 수 있기를 소망한다.

4·16합창단의 집단 구술 면담은 2019년 2월 22일 1회에 걸쳐 4시간 10분 동안 진행되었
다. 면담자는 강재성, 촬영자는 김익한이었다.

구술자 본인들의 프라이버시나 제3자의 프라이버시를 보호해야 할 부분을 제외하고는 구
술자들의 발화를 있는 그대로 전사했다.

1회차

2019년 2월 22일

1 시작 인사말

2 구술에 참여하게 된 계기

3 별명 소개

4 합창단 소개와 구성원의 역할

5 4·16합창단만의 특색과 비용 운용

6 합창단의 탄생

7 '네버 엔딩 스토리', 평화의나무합창단과의 만남

8 합창단의 창립

9 합창단 단원들

10 합창단 운영의 고민

11 연습실 풍경과 연습 과정

12 합창단의 의미

13 유가족 단원과 시민 단원들 간의 관계

14 기억나는 공연, 망설였던 공연

15 시기에 따라 달라지는 노래의 의미

16 목포 신항 밤하늘 공연

17 대표곡과 마음이 가는 곡

18 공연에서 있었던 일들

19 모꼬지

20 합창단 외부의 시각

21 앞으로 합창단의 목표

1
시작 인사말

면담자   본 구술증언은 4·16 사건에 대한 참여자들의 경험과 기억을 기록으로 남김으로써 이후 진상 규명 및 역사 기술에 기여하고자 합니다. 지금부터 4·16합창단의 집단 구술을 시작하겠습니다. 오늘은 2019년 2월 22일이며, 장소는 서울시 마포구 성미산마을회관입니다. 참석하신 구술자는 단장 창현 엄마 최순화 씨, 지휘자 박미리 씨, 운영위원 시찬 아빠 박요섭 씨, 운영위원 최철호 씨입니다. 면담자는 강재성이며, 촬영자는 김익한입니다.

2
구술에 참여하게 된 계기

면담자   먼저 구술증언 사업이 있다는 것을 어떻게 들으시고, 구술에 참여하시게 된 동기가 무엇이었는지 개인적으로 한 분씩 여쭤보겠습니다. 단장님께서는 합창단 집단 구술에 참여하시게 된 동기가 무엇이었나요?

최순화   네, 4·16합창단 단원이기도 한 '익바' 님[김익한 교수의 별명]이 작년에 많이 말씀하셨었어요, 올해 오기 전에 하자고. 그래서 작년에 생각하고 '누구누구 해야겠다' 이런 것까지 계획이 돼 있었는데 어쩌다 그냥 넘어갔고, 올해 이제 본격적으로 합창단을 나가시더니 이거[구술증언 사업]를 시작하셔서, 너무 공격적으로 들어오시더라고(웃음). 그래서 '안 해도 되는 줄 알았는데 해야 되는구나' 그래서 작년에 맘먹었던 거라서 하기로 했습니다.

면담자   구술 자료가 어떻게 활용되었으면 좋겠다고 생각하셨나요?

최순화   어… 합창단을 주제로 책이 나온다는 거는 생각해 보지 못했는데, '4년의 합창단을 기록하는 그런 책도 있었으면, 없는 것보다는 (웃으며) 낫겠다'는 우선 그 정도의 생각이요?

면담자   그리고 지휘자 선생님께서도 구술에 대해서 같은 경로로 들으셨나요?

박미리   네, 맞습니다.

면담자   처음에 구술증언 사업이라는 게 있다는 걸 듣고서 어떤 생각이 드셨어요?

박미리   어… 익바가 하고 계시는 [4·16]기억저장소의 일들이 이 세월호에 꼭 필요한 일이라고 하는 것에 뭐, 이렇게 전적으로 여러 가지로 다 동의를 하고 있었던 참에…. 4·16합창단도 꼭 필요하다고 말씀을 하셔서…, 처음에는 부모님들이 하실 거라고 생각을 했었고요. 어느 술자리였던 것 같은데? (웃으며) "지휘자도 하셔야 된다"고 하셔가지고 사실 굉장히 개인적으로 부담이 되더라고요. 저는 '지휘자라고 해서 4·16합창단에 어떤 역할이 크게 다르거나 하지 않다'라고 생각했거든요. 서로 각자의 자리에서 자신이 맡은 역할을 하고 있을 뿐이지, 지휘자라고 딱히 구술 작업을 할 때 더 많은 얘기를 한다거나 [얘기가] 더 깊어진다거나 그럴까? [그렇지 않다는] 뭐 이런 생각이 있어서 사실은 "지휘자님이 하셔야 된다"고 익바가 말씀하셨을 때는 전 개인적인 부담이 있었는데, 음… 이제 참여하게 된거는, '그래도 그중에 하셔야 된다고 한다면 피하지 않고 대면하자' 이런 마음으로 하게 됐고요. 여기 이 작업이 잘 이루어져서, 저는 처음 합창단을 부모님들과 노래할 때 마음하고 비슷한 뜻으로 이 작업도 잘 마무리가 됐으면 좋겠어요. 활용이 되면 좋겠고요. 그니깐 이렇게 저희가 노래로써 세월호를 이야기하는 건데 그러한 의미들이 잘… (한숨) 기록이 된다면 좋겠네요.

면담자 네. 감사합니다. 시찬 아버님께서는 개인 구술은 안 하셨죠?

박요섭 네.

면담자 개인 구술은 안 하셔도 4·16합창단 구술에 응해주셔서 감사합니다.

박요섭 첫 질문부터 굉장히 깊은 질문을 하시려고(일동 웃음).

면담자 합창단 구술에는 어떻게 참여하기로 결정하셨는지요?

박요섭 어… 물론 교수님[이] 하시는 기억저장소 일이라든지 구술 일들이 굉장히 중요하고, 꼭 필요한 일이라는 거는 전적으로 동의를 하고요. 하지만 개인적인 상황이라든지 그런 여건들이… 조금 개인적인 일들을 이렇게 얘기하는 것들에 대해서는 조금… 그래서. 그리고 어디 가서 막 이렇게 내 얘기하는 걸 즐겨하지는 않아요. 그래서 좀 "죄송하다"고 피했던 이유이고. 계속 피하다 보니깐 어느 순간 코너에 몰려서 합창단 안에서 '해야 된다'는 얘기가 나왔는데, 단장님이 "무조건 해야 된다"고. 저는 단장님 말에 따라야 되거든요, (최철호 : 그렇죠) 합창단에서는 독재 체제기 때문에(일동 웃음). 거의 교황과 같은 분이라 무조건 따라서 해야 하는 이야기라 (웃으며) 하게 됐는데. 어쨌든 큰, 거시적인 입장에서 좀 생각해 봤을 때는 '필요한 일이다'에 대해서 동의를 했고, '내가 거기에 대해서 조금 망설여지고 조금 낯설더라도 같이 참여해서 우리 세월호 부모들이 원하는 그런 일들에 대해서 조금이라도 도움이 되고 밑거름이 된다면 해야 되지 않겠나' 이런 생각에서 이렇게 참여를 하게 됐습니다.

면담자   감사합니다. 운영위원이신 최철호 님께도 말씀을 부탁드립니다.

최철호   예. 별명으로 안 부르면 얘기 안 하기로 했는데(웃음). 사실은 구술이 있다는 건 그냥 귀동냥으로 그냥 넘겨들어서 알고 있는 이야기였고, 뭐 그거에 대해서 아주 깊이 뭐 어떻게 진행되는지는 사실 평소에 관심을 가지고 있었던 점은 사실은 별로 없었습니다. 근데 익바가 이제 합창단[에] 들어왔었는데 '아, 저 사람이구나. 저 사람이 하는 일 중에 하나구나' (웃으며) 그러고 있다가, 사실은 저는 아주 얼마 전이었습니다. 얼마 전에 저희 그 단장님 독재 체제도 있고, 지휘자의 압력도 있고 이런 것이 있어서(일동 웃음), 지휘자가 어느 날 연락이 와서 "같이하자"라고 이야기를 해서…. 여튼 이 구술… 여하튼 중요한 일들은 이제 다 철저하게 사실을 팩트 기준으로 기록에 남기고 하는 일들이 중요한 일이라고 생각하고요. 그래서 거기에 이렇게 객관적인 사실도 있고, 주관적인 감정에 대한 증언도 있으니깐 여러 가지 그런 것들이 있겠지만, 이걸 남기는 건 중요한 일인데…. 사실은 저는 [위]가족 외에[도] 구술받는 일이 있는 줄 몰랐습니다(웃음). 몰라서 그 제안을 받고 언뜻 든 생각은 뭐 '가족 말고 증언받는 것도 의미 있는 일이겠다' 이런 생각이 들긴 들었어요, 4·16이 곧 가족에 한정되는 일은 아닐 테니까. 근데 제가 적합한지는 사실 약간 세모였는데, 일단 뭐 합창단에서 누군가가 해야 되고 연락이 오면 '"저는 안 돼요" 이럴 일은 아니겠다' 이런 생각도 들었고요. 그래서 뭐 그냥… '가족 외의 사람으로서 4·16에 대해서 느끼거나 한 일을 좀 뭐 이야기하는 것도 나쁘지 않겠다'는 생각이 들었습니다.

면담자   네, 감사합니다. 그런데 말씀 중간중간에 "독재 체제", "압력" 이런 말씀이 나왔잖아요?

박요섭   그게 저희 합창단의 운영 방식이에요.

최철호   방금 전부 다들 (고개를 크게 끄덕이며) 이렇게 아주 깊이 동의하는 표정인 것 보셨죠? (일동 웃음)

면담자   이런 말씀들에 반대 의견이 있으시면 중간중간 말씀해 주서도 되거든요.

박요섭   저희 합창단의 운영 방식이요, '독재와 압력, 거기에 대한 순종' 이거면 되거든요(일동 크게 웃음). 완벽한 운영 체제죠.

면담자   (웃으며) 단장님은 이 말씀에 동의하시나요?

최순화   운영위 회의록을 한번 보여드려야 하는데(일동 웃음).

3
별명 소개

면담자   아까 말씀 중에 촬영자 김익한 교수님을 "익바"라고 부르셨잖아요. (최철호 : 네, 네) 다들 별명이 있으신 거예요? (박미리 : 네) 다들 어떤 별명을 갖고 계신지 소개를 부탁드리겠습니다. 먼저 지휘자 선생님께서는요?

박미리   네. 저는 '쉼표'라고 별명이 있는데요. 여기 들어와서 지은 건 아니고, 지금 촬영하고 있는 여기 성미산마을에 살고 있는 주민인데, 그전에서부터 공동체 마을에서 살면서 거기서 부르는 닉네임인 쉼표를 제가 지어서 갖고 있어요. 근데 여기서도 쉼표라고 불러달라고 하는데 사실은 어머님들은 '미리쌤'이라고 많이 부르시고요. 쉼표는 '찌찌로' 같이 이렇게 별명을 쓰시는 분들이 익숙하시니깐 쉼표, 이렇게 부르시고.

면담자   단장님께서는 어떤 닉네임인가요?

최순화   쉼표와 같이 사는 분은 '느낌표'랍니다(웃음).

박미리   아, 저의… 같이 사는 분은 느낌표, 전 쉼표.

면담자 같이 사는 분이… 아, 느낌표랑 쉼표군요.

박요섭 저희 합창단 연습할 때 그래서 쉼표를 되게 강조하세요(일동 웃음). 굉장히 중요한 거라고.

최순화 그냥 안 넘어가지.

박미리 악보에 있는 쉼표 그 말씀하시는 거예요.

박요섭 어마어마하게 강조를 하고.

최철호 쉼표가 그렇게 중요한 줄은 처음 알았네? (일동 웃음)

박요섭 안 쉬면, 숨을 못 쉴까 봐(웃음).

면담자 여쭤보아야 하겠습니다. 쉼표의 중요성이 도대체 무슨 의미인지 이따가 여쭤봐야 하겠습니다.

최순화 합창단에 오셔야 알아요(웃음).

면담자 그리고 단장님께선 닉네임은 뭘로 쓰시나요?

최순화 아… 쉼표, 이런 게 좋아 가지고… 저희도 "한번 닉네임을 만들어보자" [했어요]. 왜냐면 저희 합창단에 목사님도 있고 교수님도 있고, 선생님, 의사 쌤도 있어 가지고, '선생님' 뭐 '목사님' 이런 거 좀 그렇잖아요. 그래서 호칭을 좀 가볍게 하기 위해서 닉네임을 만들자는 제안이 나왔어요. 그건 제가 한 거 아니에요, 독재 아니에요(웃음). 시찬 아버님이 강력하게.

박요섭 아, 제가 제안했어요?

최순화 네. 그죠?

박요섭 난 기억이 없는데?

박미리 그니깐… 동시에, 거의.

박요섭 그죠? 예. 저희는 민주주의라서(웃음).

박미리 근데 아버님이 강하게 그렇게 하자고 동의를 하면서 제안을 부모님들한테 해주셨죠, 부모님들 입장에서.

박요섭 아, 그럼 추진력은 제가 있는 걸로 하고(일동 웃음).

최순화 예. 그래서 고민을 많이 했는데, '고래품'이라고 지었어요. 고래를 품은… 게 아니라, 품지를 못 했죠. '품고 싶었던 엄마', 고래가 창현이고 그래서. 근데 그거를 표현을 '고래품'이라고 했는데, 해석은 뭐 자기들 맘대로 하시고(웃음).

박요섭 창현 아버님은 '별빠'세요. '별들의 아빠'라는 뜻의 별빠.

최순화 그것도 있고, 별빠가 '별에서 가장 가까운 원[one]', 그니깐 '빠'가, '1빠', '2빠' 할 때. [그래서] '별의 퍼스트[first]', 첫 번째(웃음). '별 바라기' 이런 것도 있고.

면담자 그리고 최철호 운영위원님께서는요?

최철호 예, 제 이름은 최철호고 별명은 찌찌로인데요. 저도 합창단[에] 들어와서 지은 별명은 아니고. 이건 그냥 쉽게 친구들 사이에 부르던 별명이었습니다. 친구들 사이에, 스물 한 두세 살? 그때부터 쭉 저를 부르는 별명이고. 뭐 아까 [시작 전에] 이야기를 살짝 하긴 했으나 (웃으며) 통화를 하다가 상대편이 여자분이었어요, 친구의 애인, 뭐 이런. 그래서 전화해서 "최철홉니다" 막 좀 빨리 했더니 못 알아들으시더라고요, (웃으며) 사투리로. 그래서 한참 뒤에 만나서, 일하고 있는데 언[어느] 놈이 전화해서 "찌찌로"라고 한다고(일동 웃음). 그래서 그 뒤로 뭐 오래됐으니까요, 이 별명이. 그래서 이제 영어로 'ciciro' 해서 네이버나 제 아이디는 전부 다 그거고요. 그러니까 찌찌로로 다 온통 처발라져 있습니다(웃음).

박미리   너무 잘 어울리지 않으세요?

면담자   진짜 잘 어울리시는 것 같아요.

박요섭   저는 처음에 들었을 때 약간 충격이었어요(일동 웃음).

면담자   제가 사실 면담 전에 뵈었을 때 다들 서로 닉네임으로 부르시는 걸 보고 적응이 안 됐어요(웃음). 특히 엄청 인자하게 생기신 분께 다들 "찌찌로", "찌찌로" 이러니까요(웃음).

최철호   (웃으며) 아니, 찌찌로라는 이름이 인자하게 안 들리세요? (일동 크게 웃음)

박미리   창현 어머님이 잠깐 말씀하셨는데, 저희가 닉네임을 하자고 합창단에서 얘기를 했던 시기가 초반부터는 그렇지는 않았고요. 이제 한 2년쯤 지났을 때인가? 저희가 이제 가족 같은 분위기로 서로 간에 그런 게 됐을 때, 말씀하신 것처럼 닉네임을 부르면 연령이든 어떤 직위든 이런 것들을 다 뛰어넘을 수 있잖아요. 그래서 조금 더 가까이 [다가가고자] 그런 의미로 제안을 했던 거고요. 일반 시민 [단원]분들 중에는 찌찌로나 저처럼 닉네임이 없으신 분들도 있었어요. 근데 그런 일반 시민분들도 '누구 언니' 뭐 이렇게 부르기도 참 그렇고…. 그래서 "별칭이 있었으면 좋겠다" 이렇게 해서 제안을 드렸는데 그거를 받아가지고 하신 분도 계시고. 저희 단체 텔방[텔레그램 대화방]이나 이런 데서는 그렇게 쓰시는 분들도 있고.

　　어머님들은… 근데 그렇게 말씀해 주셔서 저는 참 좋았는데, 어떤 분은 "나는 아직 아이의 이름을…" 그러니까 '누구 엄마'라고 [보통] 불리시잖아요. 근데 "아이의 이름을 더 불리우고 싶다, 기억해 주고 싶다"고 말씀해 주셔서 아직 별칭 안 쓰시고 '누구 엄마' 이렇게 하시는 분들도 계시고, 네. 그렇습니다, 합창단 내의 닉네임은.

최철호　　그래서 저는 개인적으로 뭐 '차웅맘', '누구맘' 그거를 별칭이라고 생각하고 부릅니다.

박미리　　네, 별칭이 되신 거죠.

박요섭　　원래 차웅 어머님은 '웅이 어머님' 이렇게.

최순화　　맞아.

면담자　　시찬 아버님께서는 닉네임을 뭘로 하셨나요?

박요섭　　저는 그… 얘기들이 오고 가서 그때야 고민을 하게 됐어요. '닉네임? 불려지면 좋겠다. 근데 나는 닉네임을 뭘로 하지?'라는 고민을 하다가 보니깐, 어… 우리 아이를 기억해서, '우리 아이가 가장 좋아했던 색깔이 뭘까?' 봤더니 스카이블루[sky blue]더라고요. 그래서 '하늘'만 하려고 했더니. 어… 좀 그렇더라고요. 하늘이라고 하기에는 조금 다른 의미가 내포될 것 같고, '하늘색' 하기도 그렇고 '블루색' 뭐 이렇게 하기도 그래서. 우리 아이들이 이제는… 음… '먼저 갔지만, 마음껏 놀 수 있는 푸른 하늘 같은 곳에서 넓게 크게 잘 놀았으면 좋겠다, 편히 있었으면 좋겠다'라는 뜻도 있고요. 시찬이가 좋아했던 색의 의미도 있고, 그래서 '푸른하늘'로 하게 됐고…. 또 우연찮게 그 말을 줄이니깐 '푸하'가 되더라고요. (최순화 : '푸하하') 그렇죠. 그래서 좀… 좀 즐거운 의미로, 또 여러 가지로 의미가 있을 것 같아서 푸른하늘로, 예.

박미리　　시찬 어머님은 '꽁꽁맘'이세요.

박요섭　　꽁꽁맘은 또 왜 그러냐면, 시찬이가 스스로 지은 거예요. 시찬이가 12월 8일생이거든요, 한겨울. 그래서 시찬이가, 저도 처음에 지가 '미스터 꽁꽁군' 이렇게 써놨길래 "너 왜 별명을 이렇게 적어놨냐?" 별 느낌이 안 좋았거든요. 그래서 물었더니 "아빠, 겨울철에 뭐 해? 손이 시려워, 꽁꽁, 발이 시려워, 꽁, 다 꽁꽁 얼잖아. 그래서 난 꽁꽁군이야" 하면서 써놨거든요. 그래서 이제 거기서 따와서 '꽁꽁군의 엄마'니깐 '꽁꽁맘'이 되는 거죠.

면담자　　시찬이는 자기가 스스로 닉네임을 지은 거네요.

박요섭　　그렇기도 하고, 옆에서 지어준 경우도 있나요? 보통은 다 대부분 본인들이 다 지으셨죠?

최철호　　예, 그렇죠.

박미리　　그러니까 이제 푸하, 꽁꽁맘, 그리고 별빠, 고래품 이렇게… 여기 어머님, 아버님들은 이게 너무 이제 익숙하고 또 잘 어울리세요. 꽁꽁맘도 딱 꽁꽁맘이 먼저 생각나는?

면담자　　　그럼 합창단에서 서로서로 말씀하실 때는 거의 닉네임을 사용하시나요?

박미리　　　아뇨, 꼭 그렇지도 않고.

최순화　　　자리에 따라 바뀌기도 하고.

최철호　　　아까 미리쌤이라고 사람들이 부른다는 것처럼. 저는 찌찌로로 부르는 경우가 많은 것 같아요, 사람들이 저를 부를 때는.

구술자들　　　맞아요(일동 웃음).

면담자　　　그러면 오늘 구술에서는 제가 별명으로 불러드리는 게 편하실까요?

박요섭　　　닉네임으로 해도 좋아요.

박미리　　　저는 개인적으로 닉네임이 [좋아요].

면담자　　　다들 괜찮으시면 앞으로 별명으로 호칭하도록 하겠습니다. 그런데 닉네임으로 부르려니까… 어색하네요(구술자들 웃음).

박요섭　　　닉네임으로 불렸으면 하는 거 처음이시죠?

면담자　　　네.

최순화　　　빨리 지어드려야겠는데, 우리가 먼저(일동 웃음).

4
합창단 소개와 구성원의 역할

면담자   먼저 4·16합창단의 일반적인 사항들을 확인하고 또 간단한 소개를 듣는 것으로 시작하려고 합니다. 지금 단체 명칭이 정확하게 어떻게 되나요?

최순화   '4·16합창단'.

면담자   다른 수식어는 없나요? 가령 '가족합창단'이라고 한다든지요?

최순화   (고개를 저으며) 아니에요, 아니.

면담자   정확하게 '4·16합창단'인 건가요?

최순화   네. 거기에다 '가족'을 붙이면 (강조하며) 절대 안 돼요. 사람들이 '세월호 합창단', '가족합창단' 막….

박요섭   맨 처음에는 '가족'을 붙였죠.

박미리   네, 그랬죠. '4·16 가족합창단'.

최순화   안 붙였는데?

박미리   아니, 그게 어디 가면 그렇게 생각을 하셔서 이미 그렇게 부르셨죠. 저희는 그렇게 붙인 적이 없는데, 보시는 분들이 다 '가족합창단', '세월호 합창단', '세월호 가족합창단' 여러 가지 이름이 있었어요.

박요섭   저희는 그걸 처음에 용인했던 부분이, '세월호 가족합창단'이라고 하면 저희는 여기 같이 참여하신 분들도 다 가족이라고 생각하기 때문에 거기에 대해서 별로 생각을 하지 않았는데, 앞에 관중석에 계셨던 분들이 오해를 많이 하시더라고요. '저 앞에 계신 분들은 다 세월호 부모님들이야'라고 오해를 하시니깐 이제 그때부터 저희가 그걸 분명하게 이제 각인시켜 드렸고. 그래서 '가족이라고 쓰면 잘못하면 오해할 소지가 많겠다' 싶어서 그다음부터는 '가족'이라고 쓰면 꼭 "저희는 4·16합창단입니다. 이렇게 부모님들과 시민분들과 이런 분들이 같이해서 이렇게 합창단을 하고 있습니다"라고 꼭 말씀을 드리게 된 거죠. 그래서 공식 명칭은 4·16합창단이에요.

면담자   그럼 혹시 4·16합창단이 공식적으로 어디에 등록이 되어 있다거나 하는 게 있나요?

박요섭   등록상표?

최순화   (웃으며) 저희… 로고는 있어요(일동 웃음).

박요섭   등록만 하면 돼요(웃음).

최철호   우린 임의단체 등록 이런 것도 아무것도 없죠.

최순화   네, 네.

박요섭   아무것도 없어요.

면담자   그럼 동아리 같은 모임으로 생각하면 될까요?

최철호   그런 틀이… 형식상으로는 그런 틀이 있겠네요.

면담자 법적으로나 등록된 것은 없는 모임으로 생각할 수 있겠네요.

박요섭 법적인 게 필요하시면 뭐 법적으로 해드릴게요(일동 웃음).

박미리 '가족협의회에 항상 함께한다'라고 하는 마음은….

박요섭 사단법인 [4·16세월호참사가족협의회] 산하에, 사무처 산하에 있기 때문에.

박미리 네. 자체적으로 뭔가 법적인 그런 거는 없죠.

면담자 가족협의회 산하에 있다고 하셨는데, 그러면 4·16합창단은 가족협의회에 소속되어 있는 건가요?

박요섭 그렇죠. 그러니까 가족협의회 사무처 산하, 그 밑에 기관으로 들어가 있어요, 4·16합창단이.

최순화 왜냐면 저희가 하는 모든 것들이… 4·16가족협의회의 모습이기도 하니까. 어디서 노래를 하면 4·16을 대표하는 대표자로서의 성격도 있기 때문에, 노래하는 거나 뭘 하든지 그거를 염두에 두고는 있어요. '아, 4·16가족협의회에 맞게, 가족협의회가 지향하는 방향하고 똑같이'.

박요섭 그건 같이 가는 거니까.

최순화 그리고 저희 목표도 진상 규명이 최종, 제일 큰 목표이기도 하고.

박미리   (최순화를 바라보며) 저희가 그렇게 생각하는 것처럼 가협도 그렇게 생각하시겠죠? (일동 웃음)

박요섭   (고개를 끄덕이며) 음… 아마도요, 네… 네. 거긴 일이 너무 많아서요(웃음).

면담자   보통 생각하면 가협의 대외협력분과와 같이 활동할 일이 많을 것 같은데, 사무처 소속이라고 하시니까 조금 의외네요.

최순화   아… 그죠. 대외협력분과에서 대외협력분과에 소속되기를 원했었어요. 근데 그게… 그거를 거부했다면 거부한 건데…. 왜냐면 우리는 가족만 있는 게 아니라 일반 시민분들도 있는데, 이 시민들이 대외협력분과에 들어오면 여기에서 지켜야 할 룰들이 꽤 있거든요. 그러면 여길 따라야 되는, 굉장히 활동 반경이 좁아지는 것도 있고, 제약을 받더라고요, 받겠더라고요. 저는 그렇게 들렸어요. 대외협력분과에 소속이 되면 음… 우리가 어디에 공연을 가고 누구를 만나고 이런 것들이 다 보고가 돼야 되고….

박요섭   어떻게 보면 컨펌받아야 되는 그런 것들도 있고 그래서.

최순화   예. 내용도 다 공유를 해야 되고 자유롭지가 않을 것 같아서 그냥 우리는 그렇게 안 하고, 그냥 자유롭게 4·16가족협의회가 추구하는 그런 내용으로 그런 방향으로 가되 대협분과 소속은 아니고 그냥 자유롭게 한다고, 그거를 지키려고 노력은 했어요.

박요섭   그러니까 대협 소속에 들어가면 개인은 좋아요, 활동하기도 좋고. 어쨌든 대협에서 또 [다른 단체나 기관에] 조인트해 줘서 활동하고 이런 게 좋은데, 저희가 단체로 들어가서 활동하기는 대협 분과에서 하는 일이 조금 성격이 약간 달랐어요. 저희는 스스로 직접 저희한테 다이렉트로 공연 요청이 들어왔고, 우리가 스스로 결정해서 그 공연에 대해서 뭘 할지에 대한 것들을 저희가 다 정하거든요. 그렇게 해서 공연을 나가는데, 대협 안에 들어가 있으면 그거에 대한 행동 범위가 확 줄어들거든요. 그래서 여기서 같이하고자 하는 일들 이런 것들에 대해서 좀 자유롭지 못한 게, 그게 꼭 그렇다는 건 아니지만 (강조하며) 그럴 수가 있어서, 일단은. 그렇다고 저희가 가 협하고 별도로 갈 수는 없는 일이고 그래서 고민, 고민하다가 사무처로 소속을 잡게 된 거죠.

면담자　　대외협력분과에 소속되면 다른 단체들과의 연대 등에 대해서 도움은 받을 수 있지만, 자유로운 활동은 좀 어려워진다는 점에서 거부하신 거라고 이해하면 될까요?

최순화　　어… 그게 본격적으로 "들어와라" 이런 말은 없었어요. 근데 대외협력분과장님이 저희 합창단 단체 톡방[카카오톡 대화방]에 들어오기를 원한다는 얘기를 지속적으로 하더라고요. 그래서 전 "안 된다"고, "합창단 아닌 사람이 왜 들어오냐". 그니깐 "대외협력분과장으로서의 마음은 이해하겠는데 합창단 아니면 들어올 수 없다"고 계속 그랬는데…. 그죠, [대외협력분과에 소속되면] 일단 대외협력분과장에게 모든 걸 다 보고해야 해요. 어딜 가더라도, 만약에 공연 [요청]이 들어오면 가는 것까지도 허락을 맡아야 되고. 재정 지원은 가능하겠죠. 재정 지원은 받을 수 있겠지만 그런 거는…, 그런 것보다 중요한 게 저희가 마음대로….

박요섭　　　처음에 말씀드렸던 저희 운영 체계에 안 맞아요. 독재와 명령(일동 크게 웃음).

박미리　　　그게 아마 선생님께서 말씀하셨던 명칭 얘기에서 계속 연관성이 계속 있는 것 같은데요. '가족합창단'이라고 했을 때 가족을 뺐던…, 그러니까 구성원들이 일반 시민분들과 유가족분들과 함께하고 있어서, 그래서 대협분과의 분과장님이 저희 단체 텔방에 들어올 경우에도, [여기는] 그런 일반 시민분들과의 대화방이고 이런데, 저희의 속속들이 다 이렇게 드러나는 뭐 이런 것들? 뭐 그걸 감출 거는 없긴 한데, 이게 이제 어딘가에 소속되면 거기 구속받고 제약이 있을 것 같은 이런 것들이 있었고요. [합창단] 내부의 결정 [과정]을 사실은 굉장히 부모님들이 일반 시민분들을 존중하고 서로 배려해 가지고 어떤 활동이나 이런 것들을 할 때 결정을 하는 구조로 합창단은 가고 있었는데, 거기에 이제 가협의 힘이 좀 더, [이를테면] 물리적인 힘이 들어오는 느낌? 아마 그런 것이었지 않았을까…. 부모님들이 오히려 배려해 주신 느낌이… 예, 있었죠. 저는 그렇게 느꼈었어요.

　　　그래서 저희가 자체적으로 논의하고 결정하고 활동하고, 대외적으로 나가서 활동하는 것도 자체적인 결정하에…. [부모님들은] 일반 시민분들하고 [함께] 합창단 시간에 시간을 할애해 가지고 회의를 길게 하기도 하고, 어떤 데서 합창단 공연 요청이 들어왔을 때도 그것에 대해서 아주 심도 있게 논의를 하기도 하고, 뭐 이런 것들을 부모님들만이 결정하시는 것이 아니라 일반 [시민] 단원분들하고 같이 이야기를 하시고 그런 것들이 부모님들이 아주 수준이 높은…(웃음).

박요섭   되게 치열하게 싸워요(일동 웃음). 아주 엄청나게 막 내일 안 볼 사람들처럼 싸우다가도 그다음 날 되면 또 웃고.

박미리   그 '가족'이란 명칭을 뺀 것도, 부모님들이 그런 차원에서 세월호 유가족만 있는 게 아니라 일반 시민도 함께하고 있는 합창단이라는 것을 계속 합창 공연을 가도 말씀을 하시거든요, "4·16합창단 구성은 이렇게 이루어져 있습니다"라고. 그게 합창단의 성격과 색깔 뭐 여러 가지 것에서, 많이 가지고 있는 명칭에 대한 이야기인 것 같아요.

최순화   저희 운영위원 구성도 동[同] 대 동, 4 대 4. 딱 이렇게.

박요섭   딱 [유]가족과 정확하게 반반. 그래서 '공통되게 같이 생각해서 같이 결정하자'라는 거고요. 만약에 근시안적으로 1, 2년만 우리가 활동하고 말 합창단 같았으면 대협에 소속해서 활동하는 것도 전혀 문제가 없다고 저는 생각을 해요. 근데 저희가 합창단 활동을 하면서 "대협 들어오라" 이런 얘기는 어느 정도 세월이 지나서 나온 얘기고, 처음에 저희가 합창단을 만들어서 이렇게 활동을 하다 보니깐 1, 2년 하고 말 합창단이 아닌 거예요. 저희가 장기적으로 이렇게 [활동을] 하면서 보니까 아픈 곳이 너무 많은데, 이런 활동들은 계속 이어져야 되는데, 그러면 대협 활동하고 조금 다른 차원의 문제가 되겠더라고요. 저희는 장기적인 비전을 세워야 되고, 그러면

'대협분과를 뛰어넘어서 우리만의 색깔로 해서 나가는 게 맞겠다' 하는 생각도 들기도 했었어요.

면담자   큰 틀에서는 가족협의회와 함께하는 건 마찬가지지만 어쨌든 4·16합창단은 합창단만의 또 다른 차원의 활동들이 있기 때문에 약간은 독립적인 상태로 계신 걸로 이해를 하면 되겠네요. 합창단 운영위원의 구성이 일반 시민과 유가족 각각 네 분씩 동수로 돼 있다고 하셨잖아요. 그러면 합창단의 전체 총원은 몇 명이고, 구성원은 어떤 분들이 참여하고 계신가요?

박미리   저희 텔방이 있는데요. 텔방에 계시는 분은 거의 한 50분이 계세요. 거기 다 계시는데, 거기서 이제 연습에 안 오시는 분들도 계세요. 근데 연습에 오시는 분으로 하면 한 40분이 계신 것 같아요, 현재로서는. 근데 연습에는 요즘 35분? 이렇게 평균적으로 오시죠. 공연을 나가면 25분에서 많을 때는 30분? 이런 정도고요. 아니면 20분 안쪽이라도 공연은 언제든 가고 있고요. 그리고 또 이제 신입 단원을, 신입 단원을 저희가 한 번도 공개 모집을 한 적은 없어요. 이렇게 다 서로가 아는 사람들, 활동하실 마음이 있으신 분들이 먼저 손 내밀어서 오시기도 하시고 그렇게 해서 이제 단원들이 구성됐었는데, 최근에 저희가 2월 달에 신입 단원 모집을 해가지고 여덟 분이 오셨거든요. 그래서 그분들까지 오시면 아마 이제 40분이 활동하는 연습 인원이 될 같아요. 현재로서는 그렇습니다. 거기에 구성 비율은 부모님들이 거의 40분 중에 반이 부모님들이시고 반이 일반 시민이시고 그런 것 같아요.

박요섭   굉장히 건전한 단체예요.

박미리   반반 치킨도 아니고(일동 웃음).

최철호   그리고 지휘, 반주, 단원. 그리고 매니저라고 그래야 되나? 그렇게 있는 것 같아요.

면담자   그럼 합창단에는 어떤 역할들이 있나요?

박미리   지휘[자님], 반주자님 계시고. 그리고 저희 운영[을] 도와주시는 매니저님이 한 분 '온마음센터' 직원분이 계시고, 그리고 운영위원은 부모님 네 분, 일반 단원 네 분. [운영위원인] 일반 단원 중에 총무님이 있으시고요. 거기에 찌찌로 님 같은 경우는 인원 점검이랄지, 공연 참여나 연습 뭐 이런 여러 가지 공지를 담당하시는 아주 중책을 맡고 있는 분이시고요. (최철호 : 네) 안 계시면 일이 안 진행돼요.

최철호   오늘에서야 긍지가 느껴지네요(웃음).

박미리   (최순화를 가리키며) 그리고 단장님이시고.

최순화   운영위원 카톡방에서 알았는데, 알게 된 찌찌로의 특성이.

박요섭   새벽에 올리죠?

최순화   아뇨, 아뇨. 그것도 그렇지만 모든 댓글에 응답해 주시는.

박미리   답을 한다, 맞아. 그거는 되게 중요해요, 진짜.

박요섭   크… 너무 착해. 짱이야, 진짜. 저는 웬만하면 패스하
거든요. 이렇게 친절하신 분이라니(일동 웃음).

박미리   외롭지 않게 하기 위해서 애쓰시는.

박요섭   (노래로) "아무도 외롭지 않게".

최순화   우리는 그냥 막 씹는데 안 씹으시는.

박미리   그리고 이제 저희가 일이 점점 커지다 보니깐 저희 자
체의 음향 [장비]도 이제 구비를 하게 됐어요. 마이크며, 예. 그래서
그런 걸 담당해 주시는 장비 담당이 시찬 아버님이시고. 그런 역할
들이 운영위원회에서도 있어요.

면담자   장비 담당도 있으시군요.

최순화   음향 담당인 거죠.

면담자   이런 역할들은 어떻게 정해지게 된 건가요?

박미리   (동시에) 뭐 자연스럽게(웃음).

박요섭   첨에 뭐 누가 딱 "이거 해, 저거 해" 뭐 된 건 아니고
요. 시간이 지나면서 자연스럽게 정리가 되더라고요. 처음에는 지휘
자 쌤하고 반주자 쌤만 딱 정해져서 저희를 계속해[이끌면서 활동]하
셨고, 그다음 하다가 보니깐 뭔가 이 내용을 정리해서 단원들한테
알려줘야 되는데 다이렉트로 단원들한테 가다 보니깐 혼선이 많이
생기더라고요. 그래서 이걸 정리해 줄 만한 사람이 필요하다고 단장
님을 위시해서 몇 분이서 그걸 정리해 주기 시작하고, 그래서 혼선

이 없게 만들어주게 했던 게 운영위원의 시작이 된 거죠.

면담자   근데 제가 노래랑은 거의 담쌓고 사는 사람이라서.

박요섭   목소리 좋으신데(일동 웃음).

면담자   감사합니다.

최철호   조금 이따가 한번 불러보세요.

박요섭   판단은 저희가 할게요(일동 웃음).

면담자   이제 저는 여기서 오디션만 보면 되는 건가요?

박요섭   저희 합창단 모토가 그거예요, "책임과 의무감을 버려라". 본인이 잘한다고 해서 합창단을 잘하는 게 아니에요. 입만 보태서도 돼요.

최순화   아, 우리 카메라 담당도 있었는데.

박요섭   아, 맞아요, 네.

면담자   카메라 담당은 제가 해드릴 수도 있는데요(일동 웃음). 아무튼 그래서 제가 여쭤보려고 했던 게, 단체를 운영함에 있어서 필요한 매니저라든가 총무라든가 이런 역할 말고도 합창단이라서 필요한 역할들이 있잖아요. 지휘자라든가 반주자라든가, 또 제가 잘 모르지만 소프라노나 테너 같은 구성들이 있잖아요. 이런 것들은 어떻게 갖춰져 있고, 어떻게 정해졌는지 좀 소개해 주세요.

박미리   원하는 대로, 그것도 원하시는 대로(웃음).

박요섭   본인이 원하는 대로 하는데요, 시켜보고 영 아니다 싶으면 바꾸기도 해요(일동 웃음).

최철호   그니까 이제 구성은 지휘자, 반주자, 그담에 각 네 파트가 있고, 말씀하신 것처럼. 그리고 우리가 파트장은 없죠?

최순화   없어요.

박미리   네, 파트장은 없고.

면담자   파트장이 뭔가요?

최철호   테너의 대장, 이런 식으로.

박미리   일반 합창단들은 그렇게 파트장들이 있는데, 저희는 파트장은 없고, 파트는 정말로 원하시는 대로 해드리려고 하는 셈이죠.

박요섭   파트장이 없으니깐 장점이 뭐냐면 서로 챙겨주더라고요. 보통은 파트장이 있으면 파트장이 다 챙겨야 되잖아요. 없으니깐 단원들끼리 서로 챙겨서, 난 더 좋은 것 같아요.

최철호   구성은 딱 그렇게 구성돼 있습니다.

면담자   파트는 지휘자 선생님이나 그런 분들이 음색을 보고서 결정해 주시는 게 아닌가요?

박미리   보통은 그렇게 하죠. 보통 일단 합창단은 이제 오디션 과정을 거칠 때 노래를 불러보고, 노래를 들었을 때 이제 그… 아까 말씀하시는 음색도 보고, 그리고 그분의 여러 가지 면들을 보죠. 음악적 능력들을 봐서 파트를 정해주는 게 보통 일반적인 합창단인데, 저희는… 그게 그렇게 중요하지는 않았어요, (최순화 : (웃음)) 초반에. (최순화를 보며) 아니, 다른 의미가 아니고.

박요섭   [노래를] 시작한다는 게 굉장히 중요한.

박미리   네. 노래를 할 수 있다는 거 자체만으로도 부모님들에게 그것이 가장 먼저 첫 번째 중요했고. 그래서 소프라노든 알토든 어디에서든 노래를 하는 것이, 편하신 곳에서 하실 수 있어야 된다고 생각해서…. 지금 생각해 보면 '아, 이분은 알토 하시는 게 맞는데'라는 생각이 드시는 분도 솔직히 저는 있어요. 근데 지금 소프라노에 계속 계시거든요. 그거를 근데 막지는 않았어요. 그렇게 합창단에 오시는 게 편하시고 그러셔야지 이것 때문에 부담이 되고 스트레스가 되고 그러고 싶지는 않았거든요. 그래서 그냥 원하시는 대로 했었고. 일반 단원분들 같은 경우는 어… 오디선이랄 것까진 없는데 처음 인사 오시면 그래도 이제 앞에서 노래 부르는 시간이 조금 있었어요. 저희가 억지로 시켜요, 이렇게(박수 침)(일동 웃음). 그러면 이제 노래를 한 곡 부르시면 이제 그분이 원래 오서가지고 먼저 소프라노 자리든 알토 자리든 원하시는 곳에 앉아 계셨는데, "알토 하시는 게 더 좋으실 것 같은데요" 이렇게 이렇게 그냥 제안을 드리긴 했어도 그래도 꿋꿋이 소프라노 자리에 앉으시는 (일동 웃음) 분도 계시고. 그래서 음… 일반 합창단처럼 지휘자의 어떤 역할로 구분을, 파트 구분을 한다거나 이러지는 않고 있죠.

근데 이상하게 합창단마다 예를 들어 여성이 노래를, 본인이 생각하시기에 노래를 잘한다고 생각하면 소프라노고, 남성도 '노래를 잘하면 테너야' 이런 좀 기준이 잘못된 기준인데 사실은 있으셔요, 편견인데. 그래서 '나는 노래를 잘한다'고 생각해서 소프라노 가시기도 하고 이렇거든요. 그리고 거기를 꼭 가고 싶어 하는 마음이 너무 막 많으신 거예요, 일반 단원분들 중에도. 소프라노 하겠다고, 굳이. 근데 그렇지 않다고, 알토의 역할이 합창에서 얼마나 중요하지 이런 것들 자꾸 말씀을 드리죠(웃음).

최철호   (손가락으로 가리키며) 여기 우연히 소프라노, 알토, 테너, 베이스가 있네.

박미리   아, 여기 파트가 다 있네요.

박요섭   그러네. 진짜.

면담자   지금 당장 합창을 하셔도 되겠네요(일동 웃음).

박요섭   어, 가능해요. 노래 불러도 돼요.

최철호   [면담자가] 입단 원서에 서명하시면(일동 웃음).

박요섭   저희가 환영 송 바로 부를게요.

박미리   하시면 저희가 환영 노래를 불러드릴게요.

박요섭   얼마든지 가능합니다.

박미리   그리고 지금 [계신 분들이] 또 각 파트에서 지금 다 이렇게 훌륭하신 분들이네요.

박요섭   아휴, 여기 다 에이급인데요? (웃음)

박미리   지금 당장 중창 구성해도 될 만큼.

최철호   왜 찔리지? (일동 웃음)

박미리   [지금 촬영하고 있는] 익바는 베이스이셨어요. 합창단
그만두셔 가지고 아쉬웠어요.

박요섭   언젠가 또 돌아오실 거예요. 저희 합창단 단원들이 대
부분 연어시더라고요, 나갔다 들어오시고 나갔다 들어오시고.

5
4·16합창단만의 특색과 비용 운용

면담자   그리고 또 일반 합창단과 다르게 4·16합창단만의 특
색이 있을까요?

박미리   제가 생각하기에 있어요, 한 가지가.

면담자   어떤 게 그런가요?

박미리   사실은 지휘자, 반주자도 다른 일반 합창단처럼 어떤
공개 모집을 해가지고 지원해 가지고 뽑힌다거나 이런 과정이 없었
기 때문에, 저도 사실은 자연스럽게 지휘자가 그냥 된 거거든요. 지
휘를 하려고 4·16합창단에 처음 온 건 아니었고, 4·16합창단이 만들
어지는 과정 속에서 그냥 함께 있었던 거구요. 초기에는 같이 노래
를 부르러 왔었고, 저도 노래를 부르러 왔는데, [저는] 노래를 조금
더 먼저 알았던 사람? 부를 노래를 제가 먼저 알아서 부모님들에게

이렇게 불러드리는 그런 역할을 사실 했었던 거고요. "4·16합창단이라는 공식 명칭을 갖자"라고 하는 2015년 가을쯤에 되다 보니, 그런 지휘하는 역할이 왜 필요했냐면요, 공연 요청이 자꾸 들어오는 거예요. 그래서 공연을 나가다 보니 공연을 가서 하려면 지휘가 필요한 거예요, 연습하고 또 다른 개념의….

그래서 연습 때는 제가 도움을 드린다는 차원으로 [지휘를 했어요]. 연습실도 예전에는 공방 마룻바닥에 둥그렇게 둘러앉아서 그냥 같이 연습한 노래 불렀던 거였거든요, 그니깐 누군가가 앞에서 가르치는 대상이 아니었고, 지휘자가. 그렇게 같이 부르는 형태였는데, 이제 공간도 다른 곳으로 공간이 바뀌고, 또 이제 공연 요청이 들어오면서 공연을 가야 되고, 이런 상황 속에서 공연을 가면 뭔가 약속된 규칙이나 뭐 이런 표시가 필요하잖아요. 그래서 이제 지휘라고 하는 역할이 생기고, '아, 그러면 지휘를 해야 되는 거구나' 이래 가지고 지휘자가 된 케이스? (웃음) 그니깐 되게 다른 합창단하고는 아주 다른 거고요. 반주자님도, 저희 지금까지 초기부터 했던 반주자님도, 목사님이신데, 원래 그… 가협에, (최순화 : 목요기도회) 예, 목요기도회라고 하는 기도회에 오셨던 목사님이 반주도 하시고 기도 뭐 이렇게 예배 진행도 하시고 이랬던, 너무 능력이 뛰어나신 분이셔 가지고, 창현 어머님께서 그분을 저희 합창단 반주해 주시라고 꼬드기서 가지고(일동 웃음).

박요섭   섭외할 사람도 되게 잘 해 오셨죠. (최순화를 가리키며) 그러다 보니 단장님도 되신 거예요(일동 웃음), 자연스럽게.

박미리   그래서 이제 그분이 오셔가지고 반주해 주시다가, 저희가 외부 공연을 나가면 그분이 반주하시고 저는 지휘하고 이렇게 된 거죠. 그니깐 일반 합창단처럼 지휘[자], 반주자를 모집해 가지고 뽑듯이 부모님이나 단원들이 뽑고 이렇지는 않았으니깐.

박요섭   저도 개인적으로 단장님이 섭외를 하셨거든요.

최철호   섭외당하신 거죠. (최순화 : (웃음))

박요섭   섭외당한 거예요. 그래서 말을 잘 들어야 돼.

최철호   섭외할 때는 감언이설을 하고 들어오면 독재를 하고 (일동 웃음).

박미리   그렇네?

최철호   사실은 그래서 보면 이제 재밌는 게, 총무는 이 자리에 안 왔지만 총무도 어쩌다 보니까, 그냥 [여러 가지] 그런 걸 좀 챙기시니깐 "어, 이제 네가 총무해라", 뭐 이렇게.

박요섭   그래서 '어총'이에요.

최철호   그래서 '어쩌다 총무', 어총. 다 이렇거든요. 그래서 사실 따지고 보면 '어지휘자'고, '어반주자'고, 다 그렇죠.

최순화   단장도 '어단장'이에요(웃음).

면담자   찌쯔로 님은 일반 합창단과의 차이가 뭐라고 생각하세요?

최철호   그게 이제 보통 지휘자가 좀 음악적…[인 측면]에 대해서 약간의 이렇게 권한을 갖고 있다고 할까? 대부분 합창단이 그렇죠, 연습곡을 정하거나, 공연 나가서 뭘로 부를지 선곡을 하거나. 근데 우리도 좀 그렇게 하기는 해요, 당연히. 여기 쉼표가 조금 더 잘안다 치고(일동 웃음), 그래서 곡도 이제 적극적으로 제안하고 하는데, 여튼 그런 역할을 하지만, 지휘자가 알아서 정하고 이렇다기보다는 단원들한테 좀 헷갈릴 때는 물어보기도 하고, 연습 시간에 "뭐할까요?" 이렇게 물어보고 뭐 하기도 하고…. 그러니깐 사실은 그런 과정에서 좀 열어놓고 진행하는 방식들이 좀 다르다고 할 수도 있을 것 같고요. 그래서 '어지휘자'니깐, 그냥 보통 지휘자가 아니라(웃음).

면담자 논의나 결정 과정을 열어놓고 진행하시다 보니까 아무래도 논의하실 게 더 많을 것 같아요. 누구 하나가 딱 나서서 결정하는 구조가 아닐 것 같아서요.

박요섭 아니요, 논의는 많은데 결정은 단장님이 하세요(일동 웃음).

최순화 (웃으며) 왜 저한테 그래요?

박요섭 우리가 논의 열심히 하면 단장님이 딱 결정하고 끝나요.

박미리 그거는… [면담자의 말에] 이제 동의가 되는 게, 저희가 논의를 할 때도 운영위원이 있는 [채팅]방이 따로 있는데, 어떤 안건이 있어서 논의를 할 때도 늘 한 분, 한 분의 배경에는 단원들을 생각하는 게 굉장히 있어요. '이게 지금 저희가 [운영위원 사이의] 논의에서 결정을 하지만, 또 결정된 사안을 가지고 단원들하고 얘기를 해야 되겠다'라는 사안이 있으면 다시 단원들하고 또 이야기를 한달 지, 그런 것들이 있죠.

박요섭   그… 그거 같아요. 만약에 예를 들어서 단원들이 조금 더 활동하는 데 편하고 그걸 도와주는 결정이라면 운영위에서 결정 을 하는 거고요. 단원들이 전체가 같이 고민하고 이거에 대해서 생 각해서 결정해야 되는 일이라면 저희가 절대 결정을 안 하고, 공개 적으로 다 물어봐서 전체 안에서 결정을 하는 그런 합창단이거든요.

최순화   그리고 저희[가] 다른 거는… 먹는 게 많다는 거?

박요섭   (책상을 치며) 크… 너무 중요한 건데!

최순화   찌찌로가 얘기해 줘봐요. 지난주에 뭐, 뭐 나왔어요?

최철호   아뇨, 제가 늘 늦게 와서 혜택을 잘 못 보고 있어서.

최순화   지난주에는 뭐 먹었지?

최철호   지난주에 찰밥도 못 먹었고요.

박미리   아닌데, 찰밥 남겨놨는데, 옆에다?

최순화   오곡밥, 그니깐.

박미리   안 드신 거예요.

최철호   그니깐 [늦게] 와서 연습하기 바쁘니깐, 연습하다 말고 저기 가서 뭐 먹으면 지휘자 눈치가 보여서(일동 웃음). 먹는 거는 다 른 분들이 훨씬 잘 아시지 않나?

45
•
1회차

면담자　　　먹는 거 말씀해 주신 게 중요한 것 같은데요. 먹으려면 돈이 있어야 되잖아요. 혹시 먹는 거라든가 이런 운영에 필요한 자금은 어떻게 해결하고 계신가요?

박요섭　　　저희 합창단에서는 오병이어(五餠二魚)의 기적이 이루어집니다(일동 웃음). 웃지 마시고, 진짜예요, 이거는. 누군가 보리떡 다섯 개와 물고기 두 마리를 내놓으면 그게 열두 광주리가 남는 진짜 기적이 일어나거든요. 그러기도 하고… 아, 제가 이걸 제가 얘기해도 되나요?

최순화　　　네, 네. 얘기하셔도 될 것 같아요.

박요섭　　　저희 합창단 초기에는… 옆에서 같이 이렇게 해주시는, 도와주시는 분들이 월요일 연습 때 뭐 과자를 들고 오시고, 밥도 가져오시고 해가지고 그걸 나눔을 계속했어요. 근데 계속하다 보니깐 어떤 때는 있고 어떤 때는 또 없어 가지고 이렇게 허기진 배로 연습하기도 하고 그러니깐, 그걸 조금 안정화시킬 필요는 있겠다 싶고. 저희가 활동하면서 뭔가 이걸 체계를 잡아가려면, 쉽게 말하면 자금이 좀 필요하겠다고 생각이 들어서, 그때 누군가 의견을 냈는지는 모르겠지만 "월 회비를 내자, 우리가. 자연스럽게 [유가족, 일반 시민] 구분 없이 월 회비를 내서 그걸로 끼니를… 최소한 처음에는 끼니부터라도 해결을 하자, 김밥이라도" 그렇게 해서 회비를 내기 시작을 해서 지금까지 계속하고 있고요. 그걸로… 하다 보니 처음에는 어느 정도 감당이 됐는데, 사람이 김밥만 먹고 살 수는 없잖아요(일동 웃음). 그래서 중간에 뭐 다른 것도 먹고 어쩌고 하려고 하다 보니깐, 개인적으로 또 엄마, 아빠들 같은 경우는 아이들 생일이라든지 뭐 기념해서 이렇게 해 오시는 경우도 있고, 또 저희 회비 걷은 걸로 해 오는 경우도 있고 그렇게 해오다가…. 재작년부터죠, 온마음센터? (박미리 : 17년) 예, 재작년부터는 온마음센터에서 그 간식을 좀 지원을 해주시겠다는 게 처음 시작이었어요. 그래서 "그럼 감사하겠다"고 해가지고, 매주는 지원이 안 되고, 2주에 한 번 정도? 아니면 그때는 가끔가다 한 번씩 그렇게 지원이 이루어져서 그때부터는 먹을 게 좀 더 풍성해지게 된 거죠. 밥을, 비로소 밥을 먹을 수 있게 된 거죠, 그때부터는. 그래서 이제 지금까지 이렇게 쭉 이어져 오고 있어요.

최순화   단원들이 가져온 간식에 더…, 맨날 먹는 밥보다 거기에 확 마음이 가요(웃음). 새로운 간식?

박요섭   이번에도 [연습일인] 월요일 날이 [정월대]보름 전날이었거든요. 그래서 '혹시나…' 했는데 두 분이 벌써 딱 찰밥을 준비해 오신 거예요, 김치랑 딱 해가지고. 그거 억지로 안 시키거든요, 저희는. 단장님이 뭐 눈치 보내는 것도 아니고, 딱 알아서 이렇게 해 오시고, 귤 싸가지고 오시고, 과자 사가지고 오시고….

최철호   강정도 있었고, 뭐, 예.

박요섭   떡도 있고 막 이러니깐, 우리가 별도로 뭐 김밥이라든지 뭐 쫄면이라든지 이런 거 식사할 수 있는 요깃거리를 준비[만] 해와도, 굉장히 풍성한 거예요. 인원이… 이번에는 신입 단원까지 해가지고 45명?

최순화   많았죠.

박요섭   예, 45명 넘었는데.

박미리   남아가지고 또 챙겨 가요.

박요섭   바리바리 싸 가죠. 그게 열두 광주리라는 거.

면담자   정말 오병이어가 맞네요.

최철호   합창단 입단한 이후로 한 번도 살이 빠진 적이 없습니다(일동 웃음).

최순화   (최철호를 가리키며) 어디 출장을 자주 가시는데 꼭 사 오세요, 빵을.

박요섭   잘 사 오세요.

최철호   대전 가면 성심당 가서 빵 사서.

박요섭   아빠 마음이야, 아빠 마음(웃음).

박미리   근데 진짜 초반에 신기했던 건, 회비를 그렇다고 해서 저희가 김밥, 내가 먹는 4주 치의 김밥 양만큼 회비를 내진 않거든요(웃음). 근데 그것보다 더 먹는 거지, 사실 내가 내는 회비보다 더 먹는데 진짜 운영이 됐었고, 신기한 경험이었고⋯. 온마음센터에서 지원받은 게 2017년 가을부터였던 것 같은데, 그 전에도 사실은 전혀 어려움이 없이, 예.

박요섭   부족하거나 그런 적은 없었어요.

박미리   온마음센터에서 지원이 오면서는 꼭 먹거리 말고도 활동을 좀 더 다양하게 고민할 수 있는…. 그랬던 거지, 사실은 합창단 내부의 운영에는 크게 뭐 온마음센터의 영향을 (박요섭 : 문제없었죠) 네, 영향을 받았던 것 같진 않아요.

면담자   단원분들의 회비와 온마음센터의 간식 지원 말고 다른 형태의 지원은 없나요?

박요섭   아, 저희가 활동하면서 외부에 나가서 어쩔 수 없이 식사를 해야 할 경우가 있는데, 그때는 이제 가협에서 가끔씩 지원을 받아서 이렇게 하고, 그거랑 차량 이동할 때 뭐 이럴 때는 가협에서 지원을 받죠.

박미리   가협 사무처에서 지원을 하는 거고.

최철호   뭐 버스를 타고 내려가야 된다거나, 그럴 때.

박미리   그리고 저희가 공연 나가면 그 공연에서도, 후원금이시죠. 그 마음으로 공연비를 주실 때가 있는데, 그것도 전체를 가협으로 다 기탁을 하는데요. "합창단에 간식비로 쓰세요"라고 또 이렇게 아예 콕 찍어 말씀하시면서 주시면 그거를 저희가 이제 간식비로 뒀다가 간식비로 쓰기도 하고 그랬었죠.

최순화   가협에서 지원받는 게, 저희가 기탁한 것 중에서, 그 내에서 [쓰는 거죠]. 다 못 써요.

면담자   뭔가 그럼 돈을 가협에 맡겨놓듯이요?

최순화   네, 맞아요.

박요섭   저희가 많이 맡겨놓고 조금 쓰고 있죠(일동 웃음).

면담자   음향 장비 같은 것도 있다고 하셨는데, 그것도 이렇게 다른 지원 없이 구비하셨나요?

박요섭   그것도 처음에 저희가 [활동]하면서 어디 학교 같은 현장이라든지 이렇게 좀 굉장히… (박미리 : 열악한) 더 열악한 현장에 가다 보면 진짜 아무것도 없는 경우가 많았어요. 그래서 '아, 마이크라도 있으면 좋겠다', 합창단의 소리가, 공간이 뻥 뚫린 데서 소리가 전달[이] 제대로 안 되고 이러면서 '우리의 마음을 서로 이렇게 나누는 게 좀 부정확하다', 그러니까 '제대로 전달이 안 된다'고 생각할 때 좀 답답하고 마음 아픈 경우들이 있었거든요. 그래서 '마이크라도 있으면 좋겠다' 그랬는데 그걸 김영명 목사님이 이제 시무하시는 (면담자 : 반주해 주시는?) 에, 목사님이기도 한 그 교단 측에 얘기를 하셔가지고 그 교단에서 좀 지원을 해주셨죠. 그래서 그걸로 마이크를 사게 됐고, 그게 이제 시작이 된 거죠.

최철호   피아노는 누가 기탁한 거 아닌가요?

박미리   아, 피아노도… 어….

최철호   단원 중에 한 사람이….

박미리   그… 저기, 저기, 민주 언니.

최순화   우리 시민 단원분 중에 있어요.

박미리   그분이 중고 피아노를 갖다주셨어요.

박요섭   처음에는 피아노도 없어 가지고요.

박미리   네, 맞아요. 전자 건반으로.

최철호   오르간, 전자 오르간으로.

최순화   아, 아니다. '평화의나무[합창단]' 거 갖고 왔었다.

박미리   아니, 평화의나무 거 말고. 그 전에 그건 또 어디 거였
더라?

최순화   그거… 저기 무슨 교회.

최철호   예… 하여튼 그렇게, 그렇게 전자 오르간 비슷한 걸
쓰다가(웃음).

박요섭   정말 열악하게, 막.

박미리   네. 그렇게 전자 오르간 쓰다가 그게 고장 났어요. 그
게 고장 나가지고 이걸 수리하려니깐 돈이 더 들고 막 이러는 참이
었는데 민주 언니가, 그 단원이신 민주 언니가 "중고 피아노가 있는
데 안 좋은 거긴 한데 뭐 조율해서 쓰면 된다" 그래 가지고 그걸 갖
다 놓으시고 그거를 쓰고 있어요, 지금까지.

박요섭   근데 그게 안 좋은 게 아니고요, 말 표현은 그렇게 하
셨는데, 와가지고 그 조율하는 걸 제가 봤거든요, 한 4시간. 조율하
시는 분이 국내 거의 최고의 분이 오셔가지고 조율을 하는데 정말
정성스럽게 해주셨어요. 피아노 상태가 너무 좋게 해주셨어요, 어디
[에] 피아노 내놔도 뭐 부족하지 않을 정도로. 그 피아노를 쓰면서 저

희 합창단도 같이 실력이 더 많이 늘지 않았나.

최순화 맞아요. 피아노를⋯ 네.

면담자 그 피아노가 지금 어디 있나요?

박요섭 지금은 이제 가협 강당에 있어요, 큰 강당에.

면담자 그럼 지금은 연습도 그 강당에서 하시는 거예요?

구술자 일동 네.

면담자 연습 장소 구하기도 만만치 않으셨을 텐데, 이제는 계속 고정적으로 가협 강당에서 하시는 거죠?

박요섭 처음에는 연습 장소가 없어 가지고요, [정부합동분향소에 있는] 가족 대기실에서 할 수도 없는 문제고 그래 가지고 그 옆에 '엄마공방' 공간이 있었어요. 엄마공방에다 얘기를 해서 거기 이제 공간을 좀 쓰자고 양해를 얻고, 저녁에 어차피 엄마들이 없으니까 그렇게 빌려 쓰기 시작을 했고요. 거기가 공간이 크지 않아서, 인원이 처음에 한 15명 정도 됐죠? (박미리 : 네) 그 정도 인원에서는 괜찮았는데, 인원이 늘어나면서 좀 부족함을 느꼈고⋯. 그래서 "그럼 기독교 부스 컨테이너를 아예 쓰자" 그렇게 해서 기독교 부스에서 [연습을 하게 되었죠]. 왜냐면 그 안에는 뭐 시설 같은 게 없기 때문에 공간적 여유가 있었거든요. 그래서 거길 쓰고 있는데 거기도 이제 공간이 작아졌죠, 인원이 늘어나면서. 그런데 마침 또 기독교 예배 팀 인원도 많아지면서 그 부스를 늘렸어요, 두 배로. 그래서 또 저희 연습실 공간 문제가 자연스럽게 해결이 됐고요. 그러고 있는 차에 어쨌든 작년에 합동 영결식 끝나고 나서 [가족협의회가] 이사를 하게 되면서 [지금의 연습 장소로 옮기게 되었죠]. 이제 저희도 좁아지는 상황이었어요. [기독교 부스 컨테이너를] 두 배로 넓혔음에도 불구하고 인원이 늘어나니깐 좁아지는 상황이었는데, 또 이렇게 가협이 이사 오게 되면서 큰 강당이 생겨서 그 안에서 또 저희가 인원이 들어갈 수 있게 되어가지고…. 저흰 자연스럽게 공간적인 문제들이 이렇게 자연스럽게 해결되면서 와서 연습이 됐던 것 같아요.

6
합창단의 탄생

면담자   순서가 조금 잘못되기는 했지만, 말씀해 주신 장소의 변동이 4·16합창단이 걸어온 그동안의 과정들에 대한 얘기의 일부였던 것 같아요. 이제 4·16합창단이 처음 어떻게 시작됐고, 지금까지 어떤 과정을 거치셨는지에 대한 얘기로 넘어가려고 합니다. 평화의나무합창단과 같이 시작을 한 걸로 들었는데요. 4·16합창단이 언제 시작했다고 보면 될까요?

최순화   아, 그 전 얘기부터 조금 할게요(웃음). 이게 태동… 합창단의 태동은 2014년 12월에 [세월호] 특별법, 특별법 싸움이 끝나고 나서 그때까지 함께해 주신 분들한테 '너무나 고맙다'는, 그 고마움을 표현하는 행사를 [안산시 단원구] 와동체육관에서 했었어요. 2014년 12월 20일인가? 그때 가족들이 처음으로 함께해 주신 시민들을 대상으로 행사를 연 거죠, 감사한 마음도 표하고, 앞으로도 함께해 달라고 부탁도 할 겸. 근데 그때 많은 분들을 초대하는 자리였는데, 뭐 가족들이 노래를 했으면 좋겠다는 얘기가 대협분과에서 나왔었어요. 그때 가족… 다섯, 여섯, 일곱 명? 한 그때 시민… 도 한 그 정도 해서 한 열몇 명이 노래를 했는데, 노래를 그냥 한 두세 번, 2, 3주 모여서 연습하고 노래했는데…, 그걸 바라보는 시선은 굉장히 제각각이었겠지만, 그걸 좋게 본 분들은 계속하기를 바라서, "무대 서달라"고, "여기도 와달라"고 그런 요청이 이어졌어요. 그래서 그 모임이 계속됐고…. 그러다가 중간에 삐걱거릴 때도…, 삐걱거리기도 했어요. 그때는 가족들… 그때는 가족협의회가 아니라 가족대책위였죠. 가족대책위 임원들이… (한숨 쉬며) 싸움에 너무 지쳐 있는데, 이 합창단이라는 게 생겨가지고 뭐 돈을 거기다 [요청을] 넣잖아요. 악보를… 악보랑 구입할 거 달[라고]… [합창]하기 위해서, 그니깐 돈을 쓰고 영수증 청구를 했는데 "왜 돈을 달라 그러냐" 그랬고…. 거기 한 번 삐져가지고 두어 달 정도……(웃음).

박요섭　　　아, 그런 역사가 있었군요(웃음). 나도 몰랐네.

최순화　　　아, 돈을[영수증을] 줬는데, 한 5만 원짜린가 6만 원짜린가 영수증을 청구했는데, "이딴 걸 왜 청구하냐"고(웃음), "우리가 돈을 왜 주냐"고 그래. 중간에 두어 달 쉬다가 다시 이제 평화[의]나무에서 2015년 7주기 정기 연주회인가? 그때 제안을 해오셨어요, "같이했으면 좋겠다"[라고].

박미리　　　500일, 그니깐 세월호 500일을 (박요섭 : 겸해서) 기획 공연으로 ['세월호 참사 500일 추모합창문화제'를] 평화의나무에서 같이 함께하시자고 기획 공연을 준비하면서 제안을 드렸죠. 그때가 2015년 6월.

최철호   공연은 8월에 했고, 제안은 6월에 했고.

면담자   네, 두 분은 평화의나무합창단 출신이시죠?

최철호, 박미리   (동시에) 네.

면담자   잠깐만 평화의나무합창단은 어떤 단체인지 소개해 주시겠어요?

최철호   예, 제가 조금 선배 기수거든요(웃음). [저는] 5기, (박미리를 가리키며) 6기.

박미리   6개월 차이 나는 선배(웃음).

최철호   평화의나무는, 그 이야긴 짧게 할게요. 2007년 여름에 처음으로, ≪한겨레≫ 그쪽에 '한겨레문화재단'이라고 있는데, 그쪽에서 "합창단을 만들자"고 누가 제안을 해서 처음에 시작을 한 거고요.

박미리   '[한겨레]통일문화재단'.

최철호   통일문화재단. 예. 훨씬 낫네요, 저보다(웃음). 그래서 한겨레통일문화재단에서 출발해서 시작을 했고요. 그때부터 내건 기치는 '평화와 통일을 지향하는 시민들의 모임' 이렇게 해서 1기가 2007년 7월에 출발해서 매년 이렇게 모임이 쭉 진행돼 와서 지금은

11기까지 있습니다. 갖가지 시민 단체들의 집회나 뭐 이런 데 가서 노래하고 매년 정기 공연 비슷하게 하기도 하고, 그래서 많이 갈 때는 1년에 한 3, 40번도 갔던 것 같아요. 집회 이런 데 가서 노래하고 이런 식으로 지금도 계속 그렇게 해오고 있고요. 그래서 그때 이제 (박미리를 가리키며) 그때 사무장이셨죠?

박미리   어… 네, 기획 팀이었는데. 2015년 이전에 평화의나무가 걸어온 길이, 용산 참사를 같이 함께 연대한다든지, 쌍용[차 해고 노동자]을, 평택에 '와락' 치유 센터에 가서 공연을 한다든지 이런 기획 공연들을 [했어요], 좀 아프고 힘든 곳을. 한 해에는 위안부 할머님들을 찾아가서 '나눔의 집'에 가서 공연을 한다든지 이런 것들을 기획해 가지고 공연을 하는데, 이제 세월호 [참사]가 있고 난 후에, 저희가 2014년 그때도 '네버 엔딩 스토리' 뮤직비디오를 겨울에 제작할 때….

최철호   아, 맞아. 그게 처음이겠구나.

박미리   그때 평화의나무에 제안이 왔어요, 노래를 같이 부르자고. 그래서 뒷부분 코러스 부분을 저희가 같이 가서 참여를 [했어요]. '네버 엔딩 스토리'를 평화의나무가 했는데, 저도 이제 그때 가서 처음 부모님들을 뵀던 거고. 뮤직비디오에서 노래를 불렀어서 저희가 이제 알게 됐죠. '아, 부모님들[이] 노래를 부르시는구나'라는 걸 알게 됐고. 그래서 이제 2015년에 새로, 매년 임원진이 바뀌는데, 임원진이 그해가 기획 공연을 하는 해였거든요. '이번 기획 공연은 세월호로 해야 한다'라는 게 그냥 뭐 암묵적으로 저희가 세월호가 있

56

4·16합창단

고 나서는 당연히… 그렇게 생각을 했고, 그래서 이거를 '저희만의 기획 공연이 아니라 부모님들과 함께하면 좋겠다'라고 해가지고 2015년 6월에 안산으로 찾아뵈었죠. 그때 4·16연대에 전화를 해가지고 여쭤봤었고, 제가 4·16연대를 찾아가서 먼저 기획안을 써가지고 제안을 하고, [그 후에] 창현 어머니 연락처를 주서가지고 창현 어머니한테 연락을 드리고…. 어머님이 이제 "월요일 연습이 몇 시다"라고 알려주서서, 그때 6월 달에 찾아가서…. 그 뒤로 '500일 광화문 추모합창[문화]제'를 준비하면서 7월 달 한 달 동안에 평화의나무 단원분들이, 매주 같이하실 수 있는 분들이 안산에 오셨었어요. 그래서 그 연습 진행을 한… 6주 정도 진행을 하고, 저희가 8월 달 500일 추모[합창문화]제를 (최철호 : 8월 29일) 네, 광화문에서 그때 진행을 했어요. 그러니까 첫 인연으로 '네버 엔딩 스토리'부터 해서 500일을 [추모합창문화제까지] 같이하게 됐죠.

박요섭   (웃으며) 그러면 거기서 끝냈어야지 왜 계속 오셨어요? 왜 계속 오셨어요(일동 웃음).

최철호   이렇게 될 줄 알고(웃음).

면담자   '네버 엔딩 스토리' 뮤직비디오 찍었을 때가 평화의나무합창단과 부모님들의 첫 인연이라고 말씀하셨는데요. 잠깐 쉬었다가 그때부터의 이야기를 좀 더 구체적으로 여쭤보겠습니다. 한 5분 정도 쉬겠습니다.

박미리   네, 쉬는 거군요.

(잠시 중지)

7

'네버 엔딩 스토리', 평화의나무합창단과의 만남

면담자　　　평화의나무합창단이 '네버 엔딩 스토리' 뮤직비디오를 통해서 결합하게 된 얘기까지 들었고요. '네버 엔딩 스토리' 뮤직비디오가 4·16합창단의 연관검색어로 뜨기도 하고, 또 굉장히 잘 알려진 영상이잖아요. 부모님들이 이 뮤직비디오를 어떻게 시작하게 되었나요? 그게 2015년이었죠?

최순화　　　15년 1월, 2월 이때 제작한 거 같은데.

박요섭　　　저는 몰라요.

최순화　　　4·16연대 오지숙['리멤버 0416' 대표, 참사 이후 명동성당 앞에서 1인 시위를 지속함] 씨라는 분이, 그분이 혼자 시작한 것 같아요, 혼자.

박요섭　　　예. 혼자 기획했고 혼자 준비했고 혼자 펀딩해서 모든 걸 제작해서.

최순화　　　예. 그래서 가족 쪽으로 찾아왔고, 평화의나무도 찾아간 것 같고.

박요섭　　　저는 펀딩만 했어요.

최순화　　　그때 부모님들이 많이 참여하셨는데, 저는 그 참여 인원들이 쫙 4·16합창단으로 이렇게 흡수될 줄 알았는데 많이 좀 떨어져 나가서 많이 아쉬워요. 그분들이 다 합창단으로 들어오신 건 아니고 그냥 '네버 엔딩 스토리' 촬영까지만 하고 안 하시는 분들이 꽤 있는데, 아무튼 그게 합창, 이렇게 노래로… 부모들을 모이게 하는 그런 계기는 된 것 같아요. 합창단의 자연스런 출발점이, 그니깐 제대로 된 합창단을 출발하게 한 그런 계기였던 것 같기도 하고, 어… 영상을 보면 그때가 그 시행령 싸움[할 때라] 삭발한 부모들도 있고….

근데 그… 우리[유가족들]만 했으면 못 했거든요. 그건 우리 스스로도 알고…, 부모들만으로 했으면 그런 노래가 안 나오니깐. 4·16합창단, 아니, 평화의나무합창단이 같이해서 노래를 만들었고, 그게 인연이 돼서 이제 계속…, 안산까지 와주서서, 저희가 연습하러 간 게 아니라 안산까지 와주서서 연습을 해, 시켜주셨고, 그리고 지휘자님도 오셔가지고 연습을 시켜주고…. 그게 저희는 처음에는 정말 대단하게 느껴졌어요. 그때 건반도 없었거든요. 건반도 없었는데 평화의나무 건반을 가지고 와서 엄마공방에 펼쳐놓고, 아무것도 안 되는 우리들한테 노래를 가르쳐주신 게 참 고맙게 느껴지고…. 그러니깐 지금… 아까 얘기한 것 중에 꼭 말씀드리고 싶은 게, 저희 4·16합창단이 부모들 반 뭐 일반 시민 반, 이렇게 구성되어 있지만, 일반 시민분들이 아니면 유지가 안 돼요, 사실 모든 면에서. 저희는 상처를 입은 사람들이라 어떤 의견… 어… 의견 충돌이 있을 때 조율하기도 어려운 점이 많고 그런데, 꿋꿋이 참아주시면서 이렇게 저희를 잘… 어… 케어해 주시고 무조건 저희 편에서… 어… 저희 편에서 얘기해 주시고 돌봐주시는 그런 것들이 큰 힘이 되는 것 같아요. 그래서 지금까지 쭉 유지해 올 수 있었고 발전도 많이 하고 개인적인 발전들도 많이 하는 것 같고. 그러면서… 많이 고맙죠, 이분들이. 이 얘기는 꼭 들어가야 돼요(일동 웃음).

면담자   자주 해주셔도 됩니다. 틈나는 대로 해주세요(일동 웃음). 그때 '네버 엔딩 스토리' 뮤직비디오에 참여했던 부모님들은 몇 분 정도 되셨나요?

최순화   꽤 많았는데….

박미리   네. 꽤 많으셨죠.

최철호   부모님도 있고, 동생도 오고, 막.

박미리   형도 있고 그랬는데, 한 20분 되셨을까요?

최순화   더 넘었어.

박미리   더 넘었을까요? 넘었을 것 같네.

최순화   솔로도 있었다.

박미리   네. 솔로 [파트] 맡으신 부모님들. 또 그리고 평화의나무 말고도 일반 [시민]분 중에 솔로를 하신 분이 계셨어요. 평화의나무는 그냥 코러스만 했었고.

최순화   가수…?

박미리   그랬다고 들었었어요, 예, 예.

최순화   [뮤직비디오] 중간에.

박미리   뮤지컬 지망생? 그런 한 분이 솔로를 했었고.

최철호   남자분도 있었던 것 같은데?

박미리   여자분.

최순화   아, 여자분이 했었나?

박미리   그리고 남자분은 형, 그분도 음악 하는 분이고.

최순화   오천이 형이죠, 보미 언니도 들어오고.

박미리   아, 맞아요.

면담자   그때 가족, 부모님들뿐만 아니고 형제자매도 같이하시고, 또 평화의나무합창단뿐만 아니라 다른 일반 시민분들도 계시고.

박미리   네, 계셨어요. 그때 오지숙 님이라고 4·16연대 그분이 이거를 기획하시면서 평화의나무에 요청을 하셔가지고, 그 뒤로도 2015년에 또 다른 것도 만드셨거든요, '화인'이라고.

최순화   팽목 가서.

박미리   네. 팽목 가서 촬영을 했는데, 그때는 정말 일반 시민분들 위주로 해가지고 모집을 해서 만드셨던 거거든요. 근데 그때 '네버 엔딩 스토리'의 인연으로 오지숙 님[을 통해서] 500일 기획 [추모합창]문화제를 한다는 걸 알게 되면서 저도 오지숙 님하고 개인적으로 이렇게 계속 이야기를 하게 됐고, '화인'을 만들 때는 저한테도 도움을 요청해서 가지고 팽목도 같이 가서 음악 쪽에 구성 도움이랄지 이런 걸 같이했었는데, 이분이 되게 맘고생도…. 부모님들도 물론 그렇지만, '네버 엔딩 스토리' 만든 이후에도 되게… 예, 힘든 시간이 있으셨던 것 같아요. 뮤직비디오로 오해도 받기도 하시고, 좋은 뜻에서 하셨는데 그런데 펀딩이랄지 그런 것들 때문에 오해도 있으셨는데도, 그럼에도 불구하고 '화인'을 2주기 때 지나서 [제작하셨죠]. 그때가 한 5월 정도였던 것 같은데, 2015년 5월에 '화인'이라고 하는 작품을 도종환 님의 시로 [작사하고], 백자 님이라고 [노래패] '우리나라'에[의] 그분이 같이 노래하고, 일반 시민분들이 코러스로 해서 찍었었거든요.

저희 500일 [추모합창문화제] 때도 이게 제작 완료돼 가지고 '화인'을 그때 같이한 평화의나무의 마지막 무대에서 처음으로 '화인' 퍼포먼스를 했었어요, 깃발 들고 같이. 그래서 4·16연대 측에서 요청하셔 가지고. 이게 이제 혼자서 하신 작업이긴 하지만 사실은 4·16연대에 소속이 그때는 있으셨기 때문에 4·16연대의 사업 차원에서 하셨다고 할 수 있죠. 예, 그렇죠? (최순화 : (고개를 끄덕임)) 예. 그때까지는 그러셨는데 근데 계속 이분이 힘드셨던 거죠(웃음). 오해도 많이 받으셨고, 힘드셔 가지고, 그 뒤로 개인적으로 혼자 활동을 하시다가 명동성당 앞에서 계속 피케팅하시고 그런 걸로 알고 있는데. 예, 그런… 과정이 있었어요.

최순화　　　　리멤버 0416 멤버였죠, 초반에.

박미리　　　　네. 맞아요, 맞아요.

면담자　　　　혹시 2014년 12월 달에 가족분들께서 공연 준비할 때 정식으로 "합창단을 해보자" 이런 얘기는 안 나왔나요?

최순화　　　　얘긴 없었어요.

박요섭   개인적으로 이렇게 와서 얘기는 해봤는데요. 저는 [2014년] 11월까지 진도에 있었어요, 왜냐면 그때 마지막 [미수습자] 수색할 때까지 저희는 계속 남아 있었던 상황이었기 때문에. 그러다 가 이제 올라왔는데 노래를 하자고 하는 거예요. 갑자기 합창을 했 으면 좋겠다고 해서 '아니, 지금 미수습자 수습도 안 끝났잖아. 진실 규명 해야지, 특별법 해야지, 여러 가지 상황이 막 얽혀 있는데 여기 서 노래를 하자고? 미친 거 아냐?' 제가 속으로 생각했어요. 그래서 '지금은 노래가 때가 아닌 것 같아. 갑자기 왜 노래를 하자고 하지?' 뭐 이런 의문을 품고 있었어요. 그래서 뭐 얘기를 하지만 "아, 지금 노래가 아닌 것 같다"고….

그래서 제가 이제 그 고민을, 이제 우리 옆에 계시는 활동가들이 계속 도와주셨잖아요, 체육관에서도 그렇고 올라와서도 그렇고. 그 분들한테 그 얘기를 했어요, "아니, 지금 노래하자 하는데 정신없는 것 아니냐?"고. "지금 때가 어느 땐데 노래를 하자고 하냐" 그랬더니 그분이 곰곰이 들으시더니만 얘기를 하시더라고요. "지금은 그게 아 닌 것같이 느끼실 거예요" 그러더라고요. 제가 "아닌 것 같다"고 "나 중에 나중에 세월이 지나서 이제 노래할 만할 때 해야 되는 것 아니 냐?" 그랬더니, 그분이 딱 그러시더라고요. "이 세월호 싸움이 단기 간에 끝나지 않는다는 건 아시죠?" 그러더라고요. 그래서 "그렇죠. 이게 장기적으로 싸워야죠. 5년이 될지, 10년이 될지, 20년이 될지 모르는 일 아니냐"고 했더니, "그러면요, 아버님. 그 활동이 꼭 필요 하다"고, "지금은 어쨌든 모든 상황들에서 [시민들이] 가족 옆에 있으 니깐 가족 얘기 들어주고 막 그러지만 나가서 연대하고 활동하고 하려고 하다 보면 도구라는 게 필요한데 그 가장 좋은 도구가 합창일 수가 있다"고, "그게 사람이랑 연대할 수 있는 고리가 될 수 있고 끈이 될 수 있기 때문에 정말 필요한 활동이에요"라고 얘기를 해주더라고.

그래서 "그런가?"라고 이제 얘기를 했어요. 근데 그걸 내가 다른 사람한테 또 얘기를 했단 말이에요. 근데 똑같은 얘기를 하시는 거예요. 그러니깐 나중에 그걸 제가 생각해 보니깐 느꼈던 거예요. 저희는 그런 사회활동이라든지 이런 것들을 원래 하지 않았던 부모이기 때문에 몰랐던 건데, 먼저 앞서서 그런 활동을 하시던 분들은 그 내용에 대해서 알고 있었고 '어떻게 연대해야 된다'라는 것이든가 '어떻게 활동해야 된다'라는 것들에 대해서 알고 계셨던 거죠. 그래서 저희들한테 그렇게 조언을 해주셨고, 두세 분이 그렇게 얘기를 저한테 해주시니깐 '해야 되나 보다'고 설득이 되더라고요. 저도 스스로도. 그때부터 창현 어머님[이] 다시 한번 또 얘기를 해주셔서 "그러면 한번 해보겠다"고, 그래서 아마 제가 500일 [추모합창문화제] 때부턴가 그때 합류해서 했던 것 같아요. 일단 첫 번째는 제가 반대를 해서 저 스스로도 용납이 안 됐고, 두 번째는 앞에 나가서 노래할 자신이 없었어요. 이 상황에서 내가, 예를 들어서 '네버 엔딩 스토리' 앞 첫 글자[를] 부를 자신도 없었고 그래서 거절을 했었고, 그러다가 뭐 여러 가지 얘기하시면서 "그냥 뭐 그렇게 안 하셔도 돼요" 뭐 이런 여러 가지 상황 속에서 얘기를 하다가 '그럼 한번 해볼까'라는 게… 그래서 같이 합류하게 돼서 하게 된 거죠.

거기서 또 한 가지 느꼈던 것은, 어… 저는 팽목에서도 그렇고 진도에서도 그렇고 [안산으로] 올라와서도 그렇고, 너무 싸움만 많이 하다 보니깐 주변에 대해서 굉장히 공격적이고 의심의 눈초리로 쳐다보게 되고 이런 것들이 굉장히 강했거든요. 근데 합창단에서 이렇게 활동을 하다 보니깐, 옆에서 탁 앉아 계신 분들의 모습을 보잖아요. 그러면 저희는 그때부터 너무 몇 개월 동안 그 생활 속에서 익숙해져서 판단을 하게 되는 거예요. '이분이 어떤 모습이고 어떤 생각을 가지고 있고' 이런 것들이 그냥 자연스럽게 판단을 하게 되더라고, 나도 모르게. 굉장히 나쁜 습관인데, '이분들이 얼마나 우리랑 같이할까? 지금에야 어쨌든 우리[가] 불쌍해 보이고 어쨌든 같이 이렇게 하니깐 하겠지?' 그래서 저는 [합창단이] 이렇게 오래갈 줄 몰랐거든요. 근데 그냥 옆에서 꾸준히 앉아서 [계셨어요]. '어느 시기가 되면 이분들도 자기 목소리를 내려고 하지 않을까?' 하는 생각도 했어요. 그런데 전혀 그런 거 없이 그냥 끊임없이 저희 옆에 계속 앉아 계셨고, 저희 얘기를 들어주셨고, 어… 저희와 함께 울어주셨고. 어… 그러면서 자연스럽게 가족처럼 되고 그랬던 것 같아요. 그게 이제 합창단의 어떻게 보면 힘이고, 합창을 계속해야 되는 이유고, 그러면서 '합창단에서 느꼈던 이런 감정이라든지 이런 힘을 또 다른 또 약한 곳에 또 전달해 줘야 될 의무가 있다'라는 생각도 하게 되고요. 이분들도 또 그렇게 해서 같이하게 됐던 것 같고 그런 것 같애요.

면담자   혹시 아버님께 "길게 가기 위해서는 합창이 필요할 거다"라고 말씀해 주셨던 분이 누군지 기억하시나요?

박요섭   아니요, 지금은 몰라요. 제가 얼굴 기억하고 이름 기억을 되게 못 하거든요. 그래서 막 봤던 아빠한테도 "누구 아빠 아니냐?"고 막 그러고. 전혀 다른 아빠한테도 막 그런 경우도 있었고. 어… 왜 더 기억을 못 하냐면, 저녁 무렵이었어요. 그래 가지고 우연히 길 건너가다가 만나가지고 뭐 그 합창 얘기가 나와서 내가 그때 생각을 얘기하니깐 그분이 자기 생각을 저한테 얘기해 주셨던 거, 굉장히 조심스럽게 얘기해 주셨던 거고, 그래서 누군지는 정확히 기억을 못 해요.

박미리　　　근데 평화의나무에서 4·16연대에 500일 기획안을 제안을 했을 때 그 기획안에 있어요, 비슷한 내용이. 그니깐 그 기획안을 같이 기획 팀에서 논의해 가지고 쓰기는 했는데 그런 똑같은 생각을 갖고 있었던 거죠. 그러니깐 이게 아주 긴 싸움이 될 것이고, 꼭 어떤 싸움의 도구로서 노래를 활용한다기보다는 부모님들 스스로 자체적으로 긴 싸움을 가시기 위한 힘이, 동력이 필요한 거죠. 그때 당시에는 간담회도 막 그렇게 많지는 않았던 것 같은데, (박요섭 : 그렇죠) '[부모님들이] 사람들 앞에 서실 때 무엇으로 긴 싸움의 힘이 되실 수 있을까?' 저 스스로도 생각했을 때 저는 제가 가진 거에서는 그런 '노래의 힘이, 문화예술 중에서도 노래의 힘이 분명히 있다'라는 생각이 스스로 있었거든요. 그래서 '길게 사람들을 만나고, 또 사람들을 좀 더 다양하게 만날 수 있는 매체로 노래를 하실 수 있으면 좋겠다'라는 거를 생각했어요.

박요섭　　　(박미리를 가리키며) 혹시 제가 기억 못 하는 분이? (웃음)

박미리　　　그게 저도 그 얘기를 했을 거고, 처음 가서도 말씀을,

기획안을 들고 갔었으니까요. 제가 며칠 전에 기획안을, 요 구술 작업 때문에 한번 찾아가지고 읽어봤는데, 그런 내용이 있는 거죠. 그래서 부모님들에게 "같이 함께했으면 좋겠다"는 제안을 했어요. 그니깐 뭔가 그… 집회의 강한 구호와 사람들에게 다가가는 방식이, 강한 구호와 그런 외침도 물론 와닿기도 하고 필요하기도 하지만, 그거 외에 좀 더 좀 사람들한테 감성적으로 접근하면서…. 근데 그것이 또 다른 비판이 되기도 하지만, 그치만 그런 아주 부드러운 힘이 있을 걸로 생각한 게 있었죠. 처음에, 어… 2015년에 [유가족들을] 찾아뵐 때의 풍경이 저도 아직도 생생한데… 그때 공방 마룻바닥에 부모님들이 이렇게 동그랗게 앉아 계셨어요.

박요섭   얼마나 어려우셨어요, 거기 들어오는 것조차도.

최순화   간식을 가져오셨어, 간식.

박미리   예, 그날이 정말 잊혀지지가 않아요, 정말로. 운전하고 안산 갈 때….

면담자   처음 부모님들을 뵈었을 때 얘기를 조금 더 자세히 말씀해 주실 수 있으시겠어요? 처음에 어떤 마음으로 안산으로 가셨고, 또 처음 뵈었을 때 어떤 느낌이고 어떤 풍경이었나요?

박요섭   되게 힘드셨을 거야.

박미리   어… 서울에서 안산 가는, 운전하고 가는 그 차 안이 너무 길었어요(일동 웃음). 차 안의 시간이 너무 길었어요. 지금도 그 시간을 잊을 수가 없는데, 운전하면서 계속 울면서 갔던 것 같고요.

67
●
1회차

일단 뵙지도 않았는데도 계속 마음이 그랬고, 그리고 이제 들어가지 못하고 계속 뱅뱅 돌았던….

면담자   유가족 대기실에 들어가지 못하시고.

박미리   네. 그 주변을 차로 이렇게 뱅뱅 돌았던 기억이 있고…. 그리고 가기 전날도, 밤새 어… 같이 사는, 아까 느낌표라고 하는 그 사람하고도, "어떤 이야기를 어떻게 처음 제안을 해야 될까, 드려야 할까, 어떻게 대해야 할까" 이런 이야기를 밤새 했던 것 같고요. 근데 그때 이제 결론은 그거였어요. 저는 가면서도 마음이 뭐였냐면, 많은 말을 하려고, 이렇게 고민은 많이 되고 했지만, '아무 말도 하지 않아도 된다' 이런 결론이 생기더라고요, 가면서. 그냥 마음 가는 대로… 애써 이분들에게 뭔가 제가 위로의 말을 한다거나 그것도 참 가당치도 않은 거였고, 그 당시 상황이. 지금도 저는 그렇게 생각하고 있어요. '애쓰지 말자'라는 게 그 당시에도 결론이 있어서, 그냥 아무 말을 하지 않더라도, 가지고 가는 기획안에 대한 것만 설명을 잘 드리고, 이 진심이 언젠가는 통할 거라는 그런 믿음이 있었던 것 같아요.

근데 막 갔는데, 그 방에 어머님이 이렇게 계셨는데, 아까 얘기한 그 [가족협의회] 사무처에 5만 원, 6만 원 영수증 들이미셨다는 그 악보집 이런 게 있었어요, 기억나요. 거기 꽂아져 있는 노래들이 쭉 있더라고요. 봤는데. 그 당시에 '사랑으로' 이런 노래도 있었고, (최순화 : 맞다) 네, 부모님들이 부르신 노래가 대중가요에서도 좀 좋은 노래? 이런 것들이 꽂아져 있었고…. 그래서 첫날 제가 같이 노래를 연습하시는데 옆에 앉아서 저도 노래를 불렀거든요. 그때 이제 '사랑으로' 노래도 불렀던 기억이 나고요. 그리고 이제 "평화의나무가 공연을 이렇게 하는데, 같이 함께 부모님들이 노래를 부르면 좋겠다" 그래서 평화의나무에서 제안했던 곡이, '그날이 오면' 이런 노래를 제안을 했었어요. 그래서 그때… 500일 [추모합창문화제의] 타이틀은 '여기, 사람들 있네' 이거였는데, 그게 이건용 선생님의 합창곡 제목이에요.

박요섭　'아침 이슬'은 언제 저희가 했죠?

박미리　한참 뒤에 불렀어요.

최철호　아니, 8월 29일 공연에도 '아침 이슬'을 우리가 하긴 했는데?

박미리　하긴 했는데 부모님들과는 아니었고.

최철호　부모님…[들과는] 아니었던 것 같네.

박미리　네. '그날이 오면'을 불렀죠. 그래서 이제, 그게 '여기, 사람들 있네'라고 [타이틀을] 정한 이유가, 그때 아까 아버님 말씀하신 대로 미수습자도 아직 수습이 안 된 상황이었고, 그래서 세월호 안에 사람이 아직 있다고 하는 거였어요. 또 하나 '여기, 사람들 있네'는 세월호가 저희 사회적으로 주는 메시지 안에 사람의 생명의 소중함, 존중, 뭐 이런 것들의 내용을 '여기 사람이 있다', '사람을 봐야 한다'는 그런 메시지로 기획안이 작성이 됐어요, '여기, 사람들 있네'. 그래서 그런 내용으로 부모님들한테 '노래는 이런 힘이 있다'라는 이런 메시지로 광화문에서 노래를 함께하고 싶다는 제안을 드렸죠. 그때 (최순화의 어깨를 치며) 어머님이 되게 무서웠어요(웃음).

박요섭   저희는 전부 다 투사가 돼 있었으니까요. 그냥 평범하게 살아오던 엄마, 아빠였는데, 어느 날 그 사건이 터진 뒤로 한두 달 지나니깐 다들 해양 전문가가 되어 있고.

박미리   그게 무섭다기보다는, 그게 아마 그때 당시에는 외부 사람에 대한 거리감이 좀 있으셨던 시기였죠. 부모님들이 다 그러셨던 것 같아, 시선이.

박요섭   그죠, 적대적이었죠.

박미리   예, 예. '이 사람이 뭘까?' 이런 시선이 저도 좀 느껴졌어요. 근데 충분히 '아, 그러실 수 있다'라는 거를 알았기 때문에….

면담자   찌찌로 님은 처음 부모님들 뵈었을 때 어떠셨나요?

최철호   [쉼표가] 처음 찾아갈 때 이야기는 사실 오늘 처음 들었고요. 저는 이제 아마 7월 달부터 연습할 때부터 같이 가서 그 후로는 아마 한 번도 안 빠지고 열심히 갔던 것 같은데. 그래서 이제 가서 하는데, 이게 처음 가면 살짝은 처음 갈 때 조금 어색할 수 있잖아요(웃음). 처음 뵙는 거니깐 '들어가면 분위기가 어떨까? 서로 쳐다볼 때 서로 어떻게 쳐다보게 될까?' 이런 것들을 걱정을 하면서 갔어요. 사실 이렇게 되면 제가 지휘자한테 아부하는 것 같긴 한데, 대충 이제, 대충 믿음이 가더라고요. 그러니깐 뭐냐면 '좀 잘 얘기를 해가지고 풀었으려고' 이런 생각이 드는 거예요. 평소에 [쉼표가] 누

군지 아니깐, 예. 그렇잖아요? (웃음)

박요섭   제가 지금까지 오해하고 있었던 게, 이런 걸 계속해오신 줄 알았어요.

박미리   아, 제가요?

박요섭   네.

박미리   어휴, 아니죠.

박요섭   그러니깐 저희가 처음이었던 거잖아요.

박미리   네, 네.

박요섭   어떻게 저렇게 잘하실 수 있지?

최철호   그러고, 그런 데 가서 관계를… 관계를 푼다고 해야 될까요? 쉽게 말하면, 제안을 한다든가 이런 부분에서 가능하면 서로서로에게 상처 없이 잘 풀었을 거라는 신뢰가 있었고요. 그래서 비교적 좀 가벼운 마음으로 갔어요. 그래서 [쉼표는] 처음에 좀 무섭다고 그랬는데, 저는 처음에 갔을 땐 그래서 하나도 안 무서웠습니다. 다들 웃고 반겨주고 그래서(웃음). 아, 그래서 가서 앉으면서….

최순화   첫 대면이 나도 기억나는데. '네버 엔딩 스토리' 녹음하러 간 거기가 무슨 대학교죠?

박미리   상명여대[상명대학교].

최순화   네, 거기서 합창단의 대표를 찾으셨어요. 근데 제가 대표가 아니었거든요. 근데 사람들이 나를 가리키는 거예요. 그래

가지고 나한테 왔는데. "나 아니라"고.

박미리   그때 인사드렸잖아요. 그때 그 모자 털모자 쓰고 계실 때, 삭발하셔 가지고.

박요섭   지금도 쓰고 계세요.

박미리   네, 삭발하신 상황이었고.

최순화   그때 대표 없었어요, 없었는데.

최철호   그때도 '어대표'였겠네요?

박요섭   그때 어대표가 된 거지, 어대표.

최순화   그래 가지고 좀 매몰차게 거절한 생각이(웃음).

면담자   매몰차게 거절했다고요?

박요섭   그니깐 거절하고 싶어서 한 게 아니고, 대표가 아닌데 대표라고 자꾸 말을 시키니깐 부담스러웠던 거죠(웃음).

면담자   아, 그런 의미의 거절이요.

최순화   네, 아닌데. 그러니깐 500일 [추모합창문화제] 그 내용을 얘기하려고….

최철호   아, 그때 둘이 500일 추모[합창]문화제 계획이 있었던 건가요?

최순화   그때는 아마 다른 이야기였을 것 같은데, 뭔가…. 예. 500일 제안은 아니고요.

면담자　　　그럼 어머님께서 뭘 거절하셨다는 거죠?

박미리　　　이야기하자는 거? 제가 인터뷰 이런 거 할까 봐?

최순화　　　아니, 그니깐 아무튼… 부모들, "부모들의 대표가 누구냐?" 그래 가지고 사람들이 나를 가리켰는데 내가 "나 아니라"고.

면담자　　　아, 대표가 아니라고 거절하신 거군요.

박미리　　　그래 가지고 뭔가를 얘기하려고 했는데, 내가 [대표가] 아니니깐 더 이상 얘기 못 하고. 아, 그때, 되게 아쉬웠던 게, 저도 기억나는데 '네버 엔딩 스토리' 촬영을 딱 갔는데, 평화의나무합창단은 합창단끼리 있고, 가족분들은 가족분들끼리 있고, 이런 거예요. 저는 그 상황이 너무 이상했어요.

최철호　　　예, 가족분들은 방 안에 있으셨어요. 인사하기 되게 어색했어.

박미리　　　네. 이상하고, 그리고 도시락이라고 식사를 주는데, 평화의나무 분들끼리 이렇게 둘러앉아 밥을 먹고. 서로 어색했던 거죠, 그때 처음은. 근데 저는 아마 '인사라도 나눠야 되는 거 아니냐' [해서] 우리가 부모님들한테 인사라도 드리고 싶어 가지고 아마 대표님을 찾았던 것 같고, 그리고…, 그랬는데 인사를 못 했어요, 결국은. 공식적인 인사를 그 자리에서 나누지 못하고 노래를 부르는 게, 떡하니 노래 부르는 자리에 선 거예요. 서서 '네버 엔딩 스토리' 엠알[MR]이 나오면서 노래를 부르는데 다 같이 울었던 거죠, 그때. 손잡고 같이 울 때 제 옆에 영만 어머님이 계셨었는데 어머님의 손의 이

부들거림이 느껴졌었고, 저도 노래를 할 수가 없었고.

나중에는 영만 어머님이 껴안아 주시면서 앞에 꽂고 계셨던 브로치가 있었는데 어머님들이 공방에서 만들었던 브로치를 빼서 저의 가슴에, 어머님들 브로치가 있으셨는데 꽂아주셨거든요. 그러니깐 그때는 그렇게 서로 아무 말도 없었는데 노래로 손잡고 서로 안고 껴안고 같이 울었던…. 그때 이제 찌찌로 님도 같이 노래하셨는데, 그랬던 기억이 있는데 그때 인사를 못 했던 게, 나중에 평화의나무 내부에서도 "아, 그날 우리가 조금 더 부모님들한테 인사를 공식적으로 나눌걸", 뭐 이랬었던 이야기가 500일 [추모합창문화제 기획 때]까지도 저희가 이제 이어지게 됐던 거죠.

박요섭   근데 어쨌든 되게 무겁고 조심스럽고 어려웠을 거예요. 저희 입장도 또… 저희[는] 항상 의심과 눈초리가 좋게 나갈 수 없는 상황이었고. 부모들이 다 그렇게 바뀌어버린 상태라, 그게 이제 서로 하나가 되기까지 시간이 또 필요했던 것 같아요. 그 후에 천천히, 천천히, 그래도 그게 매듭으로만 남아 있지 않고 풀려나갔다는 게 참 굉장히 중요한 거죠.

최순화   그니깐 참아주신 것 같아요(웃음).

박요섭   그렇죠. 옆에서 계속 기다려주신 거죠.

면담자   뮤직비디오 찍을 당시에는 어색하고 무거운 분위기였는데 이제 노래를 시작하면서부터 같이 손잡으시고 울면서 좀 더 가까워지시게 된 거겠네요. 저는 뮤직비디오만 봤는데요. 거기서 노란 옷 입은 분들이 가족분들이시고, 하얀 옷 입은 분들이 일반 시민분들이시잖아요. 근데 옷 말고는 다들 같이 함께하는 모습이 전혀 구분이 안 돼 보였는데, 알고 보니 촬영 전에는 어색한 상태셨군요.

박미리   그렇죠, 인사 없이 그냥 옆에 서가지고 이렇게.

최철호   혹시라도 인사 안 하나 싶어서 (몸을 기울이며) 이렇게 슥 이러면서, 그때 방 안에 계셨거든요. 제가 슥 지나가면서(웃음).

최순화   그랬어요?

면담자   그때 어머님께선 뮤직비디오 찍을 때 상황을 어떻게 기억하세요?

최순화   그 녹음하는 거는 쉽지가 않더라고요, 따로따로 녹음을 해서 이렇게 합치는 건데. 최대한 그 가사가… 가사 때문에 그 곡을 선곡한 거잖아요. 노래를 잘하려고, 못하는데도 많이 노력을 했어요. 아무튼 가진 실력을 최대한 발휘… 를 해야겠다는 부모들의 각자의 심정들이 있었던 것 같아요. 그리고 최대한 감정도 절제하고 노래에 집중하다가, 맨 마지막에는 (웃으며) "울어도 돼요?" 그때가 있었어요. 한 번 풀어주셨어요, 편하게 그냥.

면담자   아, 처음에 "울지 말라"고 이렇게 얘기를 하셨군요?

최순화   처음엔 노래에 집중했죠. 그니깐 노래가 녹음이 잘, 하루 만에 끝나야 되니깐 그걸 말하지 않아도, 조금만 틀려도 다시 하고, 다시 하고, 다시 하고, 이게 습득이 된 거죠. '아, 이거 잘해야 되는데, 또 틀렸구나' 그래 가지고 잘하려고, 녹음이 빨리 잘 끝나기를, 가사보다는. 그런 마음으로 하는데 맨 나중에는… 그냥 마음껏 울어도 된다고….

최철호   그때 노래 안 부르고 [카메라를] 틀어놓고 우리끼리 그냥 찍고만 있을 때도, 앞에서 지휘 하시면서 "그리워하면" 그거 부를 때 서로 옆에 사람 보고 웃고 그러라고 그랬어요. 그래서 계속 웃고 그렇게 여러 번 촬영을 계속 반복하다가 마지막에 편하게 그냥 "하고 싶은 대로 해라" 그러는 바람에 난리가 났었죠(웃음).

박요섭   뮤직비디오 찍는 거하고 저희 연습하는 거하고 완전히 반대로였네요, 보니까. 저희 연습할 땐 미리쌤이 그렇게 얘기하시거든요. "그냥 노래 못하셔도 되고 안 부르셔도 되고 울고 싶으면 울어도 되고".

최순화   아니, 우리가 느꼈어요, 그렇게. '잘해야 돼', 오늘 하루 만에 이걸 다 녹음을 끝내야 되는데, 잘 안 나오니깐.

박요섭   그니깐. 미리쌤은 그렇게 얘기했잖아. "무대에 선 것만으로도 다하신 거다, 역할을" 그렇게 얘기를 하셨었는데.

박미리   그땐 연출이 좀 있었죠, (최철호 : (웃음)) 연출. 그래 가지고 찌찌로하고 '둘리'라고 하는 분이, 저희 합창단 단원분 중에 베이스 분이 계신데, 그때 그분도 '네버 엔딩 스토리' 찍으셨거든요. 그때 두 분이 나란히 그때 서셨는데.

최철호   아뇨. 제가 설명을 할게요.

박미리   아니에요?

최철호   부천에 승열이가.

박미리   아. 둘리 아니었어요?

최철호   이승열.

박미리   아… 승열이었구나. 근데 두 분의 표정이 아주 리얼했었나 봐요, 이렇게 제작하시는 분이 보시기에. 두 분만 클로즈업으로 이렇게 서로 바라보면서 웃는 걸 연출을 요구하셨을 때, 이 두 분이 너무 연출[자]의 요구에 흡족하게 바라보시면서 자연스럽게 하신 거죠. 그래서 클로즈업도 있고 그래요, 뮤직비디오에 보면.

최철호   그다음에 울어라고 하는 바람에… 아니 울어라고 한 건 아니고 편하게 하라고.

박미리   편하게 하라고.

최순화   울어도 된다고.

면담자   "편하게 하라"가 결국에는….

구술자 일동   예, 울어도 된다고.

면담자   저는 합창을 해본 적이 없어서 그렇게 노래를 함께하시는 짧은 순간 동안에 감정이 함께 변화하시는 게 어떤 느낌이실지가 궁금해요. 잘 상상이 안 가거든요.

최순화   이 가사를 같이 느끼는 거죠. "그리워하면", "손 닿을 수 없는 저기 어딘가"에 이 가사를 온전히 같이 느끼면서.

박요섭   나는 노래 부르면서 풀어졌다기보단 처음에 밥 먹으면서 같이 얘기하면서 그게 많이 풀어졌던 거 같은데?

최순화   합창단 연습 때요?

박요섭   네, 그냥 자연스럽게 얘기하고. 뭐 노래는 어차피 부르면 또 같은 걸 느끼게 되니깐 같이 울먹거리면 똑같이 울먹거리고 있거든요.

면담자   아… 노래를 같이 부르면 똑같이 느끼게 된다고요?

박요섭   네, 네. 그러니깐 부모 입장, 전부 다 부모들의 입장이기 때문에, 자식을 잃었건 안 잃었건 그 대목에서는 그 감정을 똑같이 느끼는 거죠. 그래서 같이 울고, 똑같은 곳에서 같이 울고, 같이 그 마음이. 또 서로 보면서 그러고 있으니깐.

최철호   '네버 엔딩 스토리' 그거 부를 때는, 그 전에 서로 인사를 했던 건 아니니깐 그냥 같이 부르면서 노래[를] 계속 반복해서 불렀는데요. 저희는 후렴만 불렀죠, 저희들은. 단체로 서서 "그리워하면" 거기부터 쭉 그 부르는데, 뭐 이렇게… 그… '이 노래가, 이 노래 가사가 그 저분들한테는 어떤 의미일까?' 이런 생각을 하게 되잖아요, 사람이. 그리고 '나한테는 어떤 의미일까?' 그러면 이제 뭐 감정이 확 불타오르는, 그랬던 것 같아요.

8
합창단의 창립

면담자   원래는 합창단 창립 과정에 대해서 여쭤보다가 너무 좋은 말씀들을 많이 해주셔서 다른 얘기로 넘어가 버렸는데요. 다시 한번 창립 과정 얘기를 정리하고 넘어가야 될 것 같습니다.

최순화   아직 안 끝났군요, 창립 과정.

박요섭   우리 아직도 창립에서 못 벗어났군요.

최철호   그니깐 제가 처음으로 연습하러 간 때 얘기하다 보니 (웃음).

면담자   "가족합창단을 해보자"라고 부모님들 사이에서 제안이 나온 것이 정확히 어느 시점인지 기억이 나시나요?

최순화   아까 말씀드린 2014년 12월에 노래를, 행사를 가족들이 주최를 했고요.

박요섭   '뭘 해야 되나' 고민하니깐.

최순화   주도적으로 이 내용을 채워야 되는데 (박요섭 : '가족이 할 수 있는 게 뭘까?') 그중에 하나로 노래를 했으면 좋겠다고.

면담자   그런데 그 행사는 1회로 끝났잖아요. 그 후에 "정식으로 합창단을 해보자"라는 얘기는 더 나오진 않았나요?

최순화   그게, 그런 얘기를 한 적은 없어요. 한 적은 없는데….

박요섭   합창단을 해보자고 정확하게 얘길 하셨나요? 아주 자연스럽게 된 거 아니에요? 그다음부터 [합창을] 또 해달라고 하니깐 "그럼 우리가 미리 준비를 하자"라고 해서 그냥 모인 사람들끼리 시작을 했던….

최순화   맞아요. 여기서도 노래해 줬으면 좋겠다, 저기서도 노래해 줬으면 좋겠다, 이 요청이 들어오니깐…. 그게 뭐 그때 2015년 1월인가 2월인가 선거… 뭐냐… 국회의원 선거 이전에 수원에 아주대학교에서 뭐 민주당 [전당]대회가 있었는데 거기서도 해달라고…. 근데 사실 그런 게 필요해서가 아니라, 저희를 생각해서 가족들한테 기회를 주는 때였어요, 가서 노래만 하는 게 아니라 우리 얘기를 발언도 할 수 있는 시간을 주고.

박요섭   아, 맞다. 그래서 그게 이제 어떻게 보면 합창단의 체계가 잡혀가는 건데요. 처음에는 '노래만 해서 무슨 소용이 있을까?'라고 했는데, 무대[에] 막상 올라가서 노래하는 순간에 그 노래에 모든 전달이 다 돼버렸어요. 그러니깐 이분들이 우리의 마음이라든지 행동이라든지 앞으로 어떻게 해야 되는 것에 대한 것들이 노래 한 곡에 다 함축돼 있더라고요. 더군다나 그걸 끝나고 나서 우리한테 얘기하라고 하니깐 우리가 하고 싶은 얘기를 그때 또 할 수 있는 기회가 주어졌고. 그런 것들이 이렇게 시간이 지나면서 자연스럽게 이렇게 만들어져서 노래하고 발언하고 또 노래하고 이러면서 그 안에서 충분히 공감하게 되더라고.

최순화   '금요일엔 돌아오렴' 북 콘서트도 안산에서 예당[안산시 문화예술의전당]에서 했었는데, 그때도 오라 그랬고. 그리고 19박 20일 저희가….

면담자   팽목항까지 도보 행진을 하셨죠.

최순화   네. 그때도 19박 20일이 끝나는… 그때가 2월 14일 밸

런타인데이쯤이라 초콜릿도 막 주고 그랬어요. 그때 한 5000명이 팽목항에 모였는데 거기서도 하고. 이 행진하는 과정에서도 광주 사람들은 굉장히… 이 세월호의 열기가 아주 가득했었어요. 그래 가지고 그 추울 때 겨울에 행진했잖아요. 행진하는 그 광장에서도 노래를 하고, 이렇게 해달라니깐 계속 이어졌던 거예요.

면담자   그때 당시에는 합창단이라는 그런 형태는 없었지만 (최순화 : 예) 그래도 어쨌든 가족들이 노래를 부르는 모임은 계속 있었고, (박요섭 : 그렇죠) 그리고 가족분들을 불러주시는 곳도 굉장히 많았었던 거군요.

최순화   네. 그렇게 이어지다 보니깐, 이제….

면담자   '네버 엔딩 스토리' 뮤직비디오 촬영으로 이어지고, 또 500일 추모합창문화제 행사에서 함께하자는 제안을 받으셨고요. 그때 이후로 합창단이 본격 시작된 거겠네요.

박요섭   결정적인 계기는 그 500일 [행사]이에요.

최순화   그러니깐 이 형태가, 가족들이 노래한다는 게 있었고, 이걸 보고 오지숙 씨도 '네버 엔딩 스토리'를 기획했고 제안하기에 이르렀던 것 같고, 여기서 이제 평화의나무를 만났고, 평화의나무를 만나서 적극적으로 우리한테 같이하자고 해주서서 저희는 꿈도 꾸지 않았는데 이렇게 합창단이 이루어져서 계속 오랫동안 [함께한 거죠].

박미리   그때 평화의나무에서의 고민은, 그때 이제 제가 이야기를 나눴으니깐, 8월 말에 광화문에서 500일 행사로 제안한 기획 공연은 1차 마무리는 됐잖아요. 근데 이것을 [준비하면서] 계속 매주 [안산으로] 가서 노래했던 단원분들이 15분 정도 그때 당시에는 있었어요. 이제 이분들이 너무 좋았던 거예요. 저희가 오히려 더 좋았던 거예요, 부모님들과 함께 노래하는 것에. 그래서 '이걸 어떻게 하지?' 500일 [행사]은 끝났는데 기획 공연에 연대한 것으로 이렇게 마무리를 할 것인가에 대한 평화의나무 자체적인 내부 고민이 있었던 것 같고요, 저도 제 스스로 있었고. 근데 이거를 계속 저희 차원에서 하자고 말씀드리기에는 부모님들에게 부담이 될 것 같고, 그래서 "어떻게 하죠?"라고 아마 그때 당시에 조금 이야기 나눴었던 것 같고요. 그랬는데 평화의나무 분들 중에 한 열몇 분이 '계속 합창단을 하신다고 하면 내가 계속 가겠다'라는 의지가 있으셨던 분들이 계셨고, 또 부모님들도 "그랬으면 좋겠다"라고 이야기를 했어요.

박요섭   저기 없었으면 합창단 없었어요.

면담자   평화의나무합창단이 없었으면요?

박요섭   평화의나무합창단이 아니고 얘기한 저 논의가 없었으면 지금 합창단이 없었다고.

박미리   그래서 [창현이] 어머님과 "우리 같이하자" 그렇게 말씀을, 제가 고민을 이야기했고, ["그럼 그렇게 하자]고 말씀]하셨고…. 그래서 이제 9월 지났고요, 9월 한 달간은 안 했어, 안 했던 것 같아요. 제가 10월부턴가 이제 아예 "그러면 명칭도 4·16합창단이면 좋겠다"라는 것도 10월 그때부터 해가지고 평화의나무에도 "앞으로도 계속 합창단 활동을 하신다고 하니 오실 수 있는 분들은 계속하자"

라고 해가지고. 어… 그때부터는 한 12분 뭐 이렇게 분들이 오셨어요, 계속.

박요섭   연습 시간을 옮긴 적이 없나요, 저희가?

최순화, 박미리   (동시에) 없어요.

박요섭   한 번도 없죠? 무조건 월요일 날.

박미리   네, 월요일 그 시간에. 그래서 그때부터 계속 2015년 10월부터는 평화의나무 분들이 '아, 우리가 이제 4·16합창단으로 같이 함께하는 일원으로, 평화의나무의 기획 공연으로 만나는 게 아니라 부모님들[과] 함께하는 합창단의 일원으로 우리가 노래할 거야'라고 생각하고 오신 거죠.

박요섭   이분들은 4·16합창단이라고 오신 거고, 저희는 또 평화의나무에 가면 또 평화의나무 안산지부라고 소개를 저희가 하거든요(일동 웃음). 그래야 살아남으니깐(웃음). 그렇게 이렇게 서로 연대하면서 힘이 되면서 버텨온 거죠.

면담자   평화의나무합창단에서 15명 정도 되는 분들이 부모님들과 합류해서 4·16합창단이 새로 발족한 것으로 보아야겠군요.

박요섭   중간에 엄마, 아빠들이 이렇게 들쑥날쑥이 많았어요.

면담자   부모님들의 참석이 들쑥날쑥했다고요?

박요섭   어느 날은 몇 명 없고, 연습 때, 어떤 날은 또 많이 와 있고. 근데 [평화의나무합창단에서 참여한 분들이] 이걸 평균적으로 만들어주셨던 분들이거든요. 이분들이 옆에서 꾸준히 자리 지키면서, 기본을 유지해 주니깐 '아, 오늘 또 가면 [연습할 수 있겠구나]'. 만일에 부모들만 있었으면, 갑자기 부모들은 뭔 일 있고 굉장히 일들이 많잖아요. 쫙 빠져나가고 한 두세 명만 모였으면 합창 안 되잖아요. 그러면 "오늘 연습 못 하겠는데" 하고 헤어지는 순간 사실 합창은 깨지는 거거든요. 근데 기본 자리를 지켜주시는 분들이 있으니깐 내가 이번 주에 혹시 뭔 일이 있어서 못 가더라도 그다음 주에 가면 또 합창하는 자리에 가 있을 수 있고, 이게 굉장히 중요했던 것 같아요. 이게 없었으면 합창[단이] 깨지지 않았을까 하는 제 개인적인 생각입니다, 저는 부모로서 봤을 때.

면담자   아까 아버님께서 "시민분들이 옆에서 계속 묵묵히 계셔주는 게 감사했다"라고 말씀하셨는데, 저는 그걸 비유적인 표현으로 생각했는데요.

박요섭   아니에요, 아니야.

면담자   그런데 옆에 계셨던 것이 정말로 실질적인 도움이 된 것이었군요?

박요섭   네, 네. 실질적인 거예요.

면담자   이분들이 정기적으로 참석하시지 않으면 합창 연습 자체를 못 하는 문제가 있었던 거네요.

박요섭   그렇죠. 원래 [연습을] 한두 번 안 하게 되면 그다음부터 흐지부지돼 갈 수 있는 문제잖아요. 왜냐면 뚜렷한 목적이 있는 것도 아니고, 막 계속 기획 공연이라든지 뭐 무대 서는 거라든지 이런 것들이 쭉 스케줄이 짜[예]져 있는 것도 아니기 때문에, 막연히 하는 연습이거든요, 그냥. 그러니깐 좀 몇 번 그러다 보면 회의감[이] 들 수도 있고 그런데, 그 부분을 이겨낼 수 있었던 게 계속 그 자리를 지켜주셨던 분들이 있기 때문에 우리가 힘들고 그러더라도 어느 순간 또 다시 가 있으면 또 그 자리에 가 있고, 이렇게 할 수 있었던 거죠.

(최순화가 자리를 비움)

박미리   저렇게 중간에 자리를 이동해도 됩니까?

면담자   네.

최철호   아니, 아니, 안 돼요. 단장님만 되는 거예요.

박미리   단장님만 되는 거예요? 아, 그렇구나.

박요섭   이게 독재 체제의 최고의 장점이지(웃음).

최철호   이거 뭐 간단하게 정리하면 '꼬우면 단장해라'고(일동 웃음).

박요섭   '어단장' 해(웃음).

박미리   아니, 아까 단장님이 딱 일어나시는데, 그 있잖아요, 본능적으로 선생님한테 이르고 싶은 거. (손을 들며) "쟤 수업 시간에 나간대요" 이러고.

박요섭   벽에다 써놓을까요? "나간 사람 오늘 청소"(일동 웃음).

9

합창단 단원들

면담자　(웃으며) 네, 편하게 자리 이동하셔도 됩니다. 그러면 "4·16합창단이 언제부터 시작했어요"라고 못 박아서 얘기하기는 어렵겠네요.

박요섭　다 '어지휘자', '어단장' 뭐 이렇게 다 되잖아요. 합창단도 '어4·16합창단'이 되는 거지.

면담자　유가족 부모님들 중에 합창단에 고정적으로 참여하시는 분들은 몇 분 정도 되나요?

박요섭　처음에요? 지금?

면담자　처음 500일 추모합창문화제 즈음부터 시작해서요.

최순화　10명?

박미리　네. 그 정도.

면담자　그분들은 지금도 합창단 활동하고 계시나요?

박미리　네, 네, 그죠.

최순화　못 하는 분들도 있고, 네.

면담자　지금까지 활동하시는, 그때부터 지금까지 활동을 같이하고 계시는 분들은 누구누구신가요? 그때 같이하셨던 단장님은 계셨을 거고요.

최철호   일단 여기 다요. (손으로 창현 엄마, 시찬 아빠를 가리키
며) 보고, 보고.

최순화   그리고 또… 영만 어머니, 지성 어머니, 차웅 어머니,
네, 동영 어머니.

최철호   동영이?

최순화   동영이야, 동영.

최순화   그리고… 제훈 어머니, 준우 어머니하고 동혁이네가
조금 나중에 들어왔나?

박미리   네. 그랬던 것 같네요.

최철호   그리고 7월 달에 같이했던 분이 계셨는데, 지금은
안… 쉬시는구나.

박요섭   기억력들 정말 좋으세요, 저는 전혀 모르겠는데.

박미리   이렇게 부부도 계셔가지고, 그렇게 한 10분인 것 같은
데요. 초창기부터 하신 분은.

박미리   예진 어머님이 계셨는데, 지금은 또 쉬시고.

박요섭   예진이 어머니가 참 계셨죠.

면담자   그리고 초기에 평화의나무합창단에서는 12명 정도가
고정적으로 계셨다고 하셨죠?

박미리   네, 계셨다가 지금은 이제 오시는 분이 10명 정도 돼

요, 중간에 빠지신 분들 계시고.

면담자　그리고 지금까지 가족분들 중에서 새로 합창단 활동 하시는 분도 계시잖아요. 어떤 어떤 분들이 들어오셨나요?

박요섭　가장 큰 게 생존자 가족분들이 들어온 게 가장 크고요.

면담자　아… 누가 들어오신 거죠?

최순화　인서 어머님, 아버님 두 분 다요.

박요섭　예, 부모님 두 분이 들어오셨거든요. 그거 하니깐 인 서가 되게 좋아한다고 했고요. 그담에 이제 저희 합창단 활동을 하 면서 제가 몸소 느꼈던 게, 몸으로 체험했던 게… 이… 풀어지는 게 있어요, 합창을 하면서. 내 속으로 이렇게 응어리졌던 것들이 풀어 지는 게 있는데, '이걸 다른 가족들도 좀 느꼈으면 좋겠다'는 게 생각 이 되게 있었어요. 그래서 저희 가족들 중에는 집에 이렇게… 그냥 막연히… 틀어박혀 있는 분들도 꽤 되거든요. 그런 분들이 나와서 노래를 하면서 그 응어리진 걸 좀 풀고 또 연대해 나가면서 또 어떤 역할들을 했으면 좋겠다는 생각이 간절했거든요. 그런 분들을 어쨌 든 창현 어머님이 모시고 오셔가지고 그렇게 같이하시는 분도 있고, 그런 게 저는 좋은 것 같아요. 가족 중에 막 활동하시는 분들도 되게 중요하긴 하지만, 속으로 삭히고 있고 속으로 자책하고 있는 분들이 되게 많거든요. '그런 분들이 꼭 합창단에 나와서 그걸 좀 풀었으면 좋겠다'라는 그런 마음이 컸어요.

박미리　네. 그런 분들이 지금은, 최근에 태범 어머니, 성현 어머니, 호연 어머니 이런 분들이 이제 아까 아버님이 말씀하신 그렇게 최근에 오신 분들이죠.

최철호   예은 어머니도 있고요.

면담자   혹시 형제자매들 중에선 같이하시는 분은 없나요?

박요섭   지금은 없어요. 조금 부담스럽지 않을까 싶어요, 아이들이 오면. 만약에 아이들이 뭐 한 다섯 명이든 10명이든 이미 있는 상태면 들어오기가 쉬울 텐데, 자기들이 생각할 때는 다 어른들이잖아요. '나 같아도 어려워서 힘들지 않을까?' 싶은 생각이 들거든요, 이 자리가. 〈비공개〉

10
합창단 운영의 고민

박미리   인서 부모님이 함께하신 지가 꽤 됐죠?

박요섭   예, 꽤 됐죠.

최순화   2017년 그때 목포에서 만나가지고.

박미리   2017년부터 벌써 이제 3년 차가 되셨네요. 그것도 어머님이 제안하셨죠, 단장님이.

최순화   인서 유품 찾으러 왔었는데.

박요섭   유품이 아니고 분실물. 그분들한테는 분실물(일동 웃음).

최순화   네, 죄송해요, 분실물(웃음). 셋이, 인서까지 식구가 왔다가 저보고 하고 싶다고 먼저 말씀하셨어요. 너무너무 좋았어요, "얼마든지 환영한다"고. 근데 그 과정에서 어… 지금도 그 유가족이 생존자 부모님을 바라보는 마음이… 좀 아픈 마음이 있죠. 그래서 흔쾌히 다 찬성한 건 아니었어요, 부모님들이. 부모님 동의를 다 구했는데, "난 아프다"고….

박요섭   그… [생존 학생 부모인] 애진 아버님한테 개인적으로 되게 고맙게 생각하는 것 중에 하나가 뭐냐면, 나는 생존자 아이들 보고 제가 "고맙다, 고맙다" 그랬거든요. (울먹이며) 나중에 [얘기를 나눌 때] 되게 고마워하더라고요. [생존한 아이들이] 부럽기도 하고 뭐 그렇지만… 또 그 아이들 자체를 봤을 때는 너무 고맙더라고요. 그래서 [저는] 그 마음을 표현했던 건데…, 주변에서 그런 너무 마음 아픈 얘기들을 많이 듣다 보니깐 애진 아버님이 그게 진짜 너무 고마웠던 거죠, "고맙다"고 얘기하시고. 광화문에서 아이들이 와서 이렇게 뭐 발표하거나, 발언하거나 그러면 "우리 아이들 왔어요" 하면서 막 일부러 얘기하시기도 하고 막 그러시더라고. '그게 얼마나 하고 싶었을까' 난 그런 생각도 들기도 하고. 어… 우리 합창단[의] 장점이 그거 같아요. 뭐, 만약에 저희가 대협[대외협력분과] 밑에서 이렇게 했다면 [유가족이 아닌] 다른 분들이 같이 합류해서 이렇게 활동하기가 정말 어려웠을 텐데. 자체적인 활동이다 보니깐 생존자도, 그다음에 생존자 가족도, 희생자 가족도, 일반 시민도 다 들어와서 하나로 이렇게 녹여내서 합창이란 거를 이룰 수 있다는 것 자체가 우리 합창단의 가장 큰 매력이지 않을까 싶은 생각이 들어요.

최순화   지금은… 그분 인서 부모님을 바라보는 시선이, 그냥 다 같은 합창단일 뿐이지, 같이.

박요섭   바뀌었죠, 네, 네.

최순화   다 같은 합창단으로 다 서로 아끼는 마음이 있는 것 같아. 인서네에도, 저도 너무 고마워요. 그 살아 와줘서 고맙고, 아무튼 우리 애들을… 가장 오랫동안 기억해 줄 친구들이라는 생각에…….

박요섭   저는 인서 부모님이 했었던 그 얘기가 생각나거든요. 인서가 집에 가면 [부모님이 4·16합창단 활동하는 것을] 너무 자랑스러워하고 너무 고맙게 생각한다고….

면담자   지금은 진짜 다 같은 합창단원이지만, 어쨌든 처음에는 생존 학생 부모님들이 들어오실 때는 유가족 부모님들 마음이 그렇게 쉽지만은 않으셨다고 그러셨잖아요. (박요섭 : 그렇죠) 이런 과정을 옆에서 바라보는 입장에 계셨던 일반 시민 단원분들은 어떤 생각이 드셨는지 여쭤보고 싶어요.

박미리   그… (한숨 쉬며) '어떻게 저런 마음을 가지실 수 있을까?' 논의하시는 것도 저희가 옆에서 생생히 봤는데… 반대하시는 분도 당연히 계시고, 아직 힘들고 불편한 마음을 저도 충분히 [느끼고] 이해가 되고, 그럼에도 그렇게 받아주시는 부모님들이 참 대단하다고 느껴졌었고, 또 오셔서 그 시간을 이겨내시는, 견뎌내시는 인서 부모님도 참 대단하시다 [느꼈어요].

최순화   그러니깐.

박요섭   왜냐면 가족들이 정말 좀 모질게 대하는 경우도 있거든요, 그 생존자 부모님이라는 이유 하나만으로. 사람마다 다 느끼는 게 틀리기 때문에. 근데 그걸 다 받아내시면서 다 이겨내시는 그분들이 대단하신 거예요, 사실은.

박미리   꿋꿋하게, 묵묵히 오셔서 자리를 지키시고 하시더라고요, 초반에. 지금은 이제 이야기도 하시고 웃기도 하시고 이러시는데 초반에는 인서 어머님, 아버님은 정말 연습에 오셔가지고 발언도 거의 없으시고, 이렇게 앉아서 계시다 가시고 그랬는데, '이분들이 계속 연습에 오셔야 될 텐데' 제 마음은 '꼭 이 시간을 이겨내시면 좋겠다'라는 바람이 있었는데, 정말로 인서 부모님도 그러시고, 그거를 다 이렇게 끌어주시는 또 부모님들이 계셔서, 단원들도 그렇고⋯. 네, 그런 데서 참 배움이 커요. 4·16합창단을 함께하고 부모님들 모습 보면서⋯, 이게 너무 많이 해가지고 너무 식상한 말이 되어버렸는데, 정말 근데 진짜 늘 안산에 갈 때와 올 때 차 안에서, 특히 돌아올 때는 너무 이렇게 안고 가는 게⋯ 착각인데 (두 팔을 둥글게 올리며) 내가 이만큼 커진 것 같은? 그런 착각도 들면서, 배움이 이렇게 커져가지고 다시 돌아가게 되는 거죠.

박요섭   우리는 완전 반대예요(일동 웃음). 우리는 워낙 크신 분들이, 우리가 봤을 때는, '내가 저 삶을 어떻게 따라갈 수 있을까?' 정말 존경스러운 부분들을 너무 많이 봤기 때문에, '나는 저렇게 못 살았는데' 하는 후회감도 있고, 존경스럽고. 그리고 저희와 같이 가

주는 것에 대해서 고맙고, 저희가 따라가야 할 것 같고, 이런 것들이 있죠(침묵).

박미리   아름답네요, 저희(일동 웃음).

박요섭   공식적으로 이렇게 얘기하는 걸로 합시다.

최철호   아유, 네. 덕담 모드 좋네요.

박미리   이런 멘트를 찌찌로가 쳐주실 줄 알았는데.

최철호   아, 예. 사실은 똑같은 얘기를 하려다가 참았습니다.

면담자   혹시 덕담 말고 다른 것도 있으면 말씀하셔도 됩니다.

최순화   테너 [파트]의 고민이 클 텐데, 두 아버님의 틀리는… 꿋꿋하게 틀리는 모습(일동 웃음).

최철호   뭐 노래 실력에 대해서 이야기해야 되나요? (웃으며) 이거는 좀 다른 얘기고 아마 지휘자가 볼 때는 좀 달랐을 텐데, 그러니깐 남자 테너하고 베이스 파트는 아버님들이 적으세요, 숫자가. 그래서 다른 [시민]분들이 더 많거든요. 인서 아버님 입장에서도 아마 테너에서 같이 노래할 때는 조금 더 편했을 수도 있을 것 같고요, 그니깐 그 유가족들이 더 적어서. 인서 아버님하고 쉽게 저는 이렇게 이야기[를] 잘하고 처음부터 좀 그랬던 것 같아요. 그랬는데 어쨌든 똑같은, 아무리 그랬다 하더라도 마음속으로 조마조마했죠(웃음). '계속 나오셔야 될 텐데, 계속 나오셔야 될 텐데'.

최순화   그러니깐.

박요섭　　　그래서 이제 처음에는 일부러 막 말도 좀 더 시키게 되고, 혹시나 싶어서. 예, 그랬죠.

박미리　　　근데 이런 심리적인 작용으로 힘드신 거 말고도, 우리는 노래를 하잖아요. 저희는 앉아가지고 노래를 하는데, 근데 노래라고 하는 것은 할 때 힘들 수 있거든요, 이 노래 자체가 또. 그래서 제 입장에서는 노래가 너무 힘들고 어렵고 그래서 연습하러 오는 게 '아휴, 뭘 이걸 해' 이런 마음이 드실까 봐 사실은 연습 시간을 진행하면서도 조마조마한 거예요. 그게 사실 부모님들에게 늘 들었던 마음이에요, 저는.

박요섭　　　처음에 그 마음이 많이 드셨을 것 같아. 부모님들이 폭탄 같거든요. 언제 터질지 모르는 폭탄 같아서 그걸 품고 있다는 것 자체가 굉장한 큰 고민거리고 두려움이셨을 것 같단 생각이 들어요, 터져버리는 순간 감당이 안 되기 때문에.

최철호　　　그러면 이제 지휘할 때 보고 있으면 지휘자는 하다 보면 [단원들에게] 조금 더 요구를 할 수도 있잖아요. 그러니깐 '어디까지 요구해야 하나?' 고민하는 모습이 역력해요.

박요섭　　　정말 얘기할 때[처럼] 그냥 툭 생각나는 대로 얘기하는 게 아니고, 고민하고 고민하고 생각하고 생각하다 이렇게 얘기하시는 게….

최철호　　　'이 이야기를 해, 말아?' 이렇게.

박미리　　　아까 아버님이 말씀하신, 노래를 좀 못해도 된다고 하는 게 아마 이 맥락인 것 같아요. 그러니깐 진짜로 연습 시간이 더 오히려 중요하다는 생각을 되게 많이 했어요. 지금도 물론 마찬가지고요. 4·16합창단이 외부에 나가서 사람들을 만나고 노래를 부르고 부모님들이 세월호를 알리고 진실에 한 걸음 더 가까이 가기 위한 활동으로 합창단 활동을 하고 있지만, 그것보다 더 중요한 거는 합창단의 이 월요일 연습 시간에 부모님들이 안산에서 집 문을 열고 연습실에 오셔서 함께 그 자리에서 함께 노래한다는 거, 그 시간이 주는 게[의미가] 되게 크다는 거를 갖고 있어서…. 아, 그래서 우리는 이 연습 시간에 대한 소중함을 계속 잘 해가야 되니까요. 연습 시간이 여튼 즐겁다는 표현은 좀 맞을지 모르겠지만, 연습 시간이 좋아야 되잖아요, 그래야 오게 되는 거니깐.

그래서 공연이 중요한 게 아니고 부모님들이 이 시간에 와가지고 함께 노래를 부른다는 거, 사람들과 함께, 그거를 좀 너무 지켜내고 싶었어요, 정말로. 그래서 아… 제가 유머 감각이 없거든요. 그래서 이제 재밌게는 못 하겠고, '어떻게 해야 되지?' 이런 고민을 하는 거죠. 여튼 연습 시간에 아무래도 말을 많이 하는 거는 제가 말을 많이 하게 되니깐…. 다른 합창단에서 제가 합창단원으로 노래도 하지만 지휘자의 역할이 비율이 굉장히 많아질 수밖에 없더라고요, 아무래도 합창이라고 하는 게. 근데 좀 그걸 좀 줄여보려고 초반에도 되게 애썼던 것 같고, [지휘자의 역할을] 줄여서 함께하는…. 그래서 초반에 말씀드렸던 것처럼 [저는] 지휘하는 역할의 사람일 뿐이지, 합창단 내에서 지휘자가 갖고 있는 역할이 뭐 8 대 2로 막 많고 이러지 않으려고 애썼던 것 같고. 그래서 부모님들에게 자꾸 노래를 잘 못

하셔도 되는 이런 뉘앙스와 분위기를 (웃으며) "그게 중요한 합창단이 아니다, 우리는" 그런 생각을 잊지 않으려고, 제 스스로도 중심을 잃지 않으려고 잡고 했던 거죠. 예. 그 이야기이시죠?

박요섭   저희 초기에는 울면서 끝난 경우도 있나요, 연습에? 울다가 연습 끝난 경우도 있나요?

박미리   울다가 연습이… 그러기도 했겠죠.

최철호   울면서 끝난 거보다도… 뭐 하여튼 연습을 건성건성한 적이야 여러 번 있으니깐(웃음).

박요섭   진짜 뭐 고민이 많았는데….

최철호   아니, 공연할 때 울어서 공연이 안 되고 막 이랬는데.

박요섭   진짜 고민이 많았던 것 같아요.

11
연습실 풍경과 연습 과정

면담자   500일 추모합창문화제 이후부터 정기적으로 매주 월요일에 연습을 하기 시작하셨는데요. 연습일이 월요일 맞나요? (박미리 : 네) 계속 월요일에 하신 거예요? (박미리 : 네) 몇 시부터 하는지도 딱 정해져 있나요?

박요섭   [오후] 7시부터 10시까지요. 그런데 빠르면 5시 아님

늦어도 6시쯤에는 거의 다 오셔가지고 다들 거기서 배회하세요, 연습실 주변에서. 담배도 피시고, 주변에 뭐 '진실'이랑 '규명'이랑[가족협의회 사무실에서 키우는 강아지들] 놀기도 하고, 주변에 가족들 [계시면] 한번 대기실 돌아보면서 사진도 찍고 이러면서 일찍 오셔가지고 그렇게 하시다가, 6시 반 쯤 넘으면 저희가 자연스럽게 모여서 식사도 하고 얘기도 하고 그러거든요. 그러면서 그냥 자연스럽게….

면담자　　연습 때 어떤 얘기를 하면서 어떻게 진행하시는지 정리해서 찬찬히 말씀해 주실 수 있을까요? 어떤 모습일지 제가 좀 상상을 해보려고요.

박미리　　(박요섭을 가리키며) 연습실에 제일 먼저 오셔가지고 음향 세팅을 [하세요].

박요섭　　아뇨, 아뇨. 저보다 더 먼저 오시는 분들도 있고, 깜짝깜짝 놀라요, 문이 활짝 활짝 열려 있어 가지고.

최철호　　그 배회 무리들이.

박미리　　네. 일반 단원분들이 먼저 오셔가지고 진실이랑 규명이 강아지들하고 산책하고 노시는 분도 계시고. 그러면 [시찬이] 아버님이 오셔서 음향 세팅을 하세요. 마이크랑 스피커랑 세팅을 하시고, 그리고 단장님도 오시고, 이제 식사가 오죠. 그러면 식사를 가지고 오시기도 하고, 단장님이 직접 가져오시기도 하고, 그렇게 해서 이제 부모님들 오시고 일반 단원들 와서 이렇게 간식 나눠 먹고 있으면, 저도 시간에 거의 다 돼서 올 수밖에 없는 상황이어 가지고 거의 다 돼서 오는데, 다 돼서 오고, 찌찌로는….

최순화   늦게 오고(웃음).

박미리   중간에 늦게 오고.

박요섭   [회사] 끝나고서 막 오니깐.

최순화   빵을 가지고 오고. 자기 거 없을까 봐(웃음).

박미리   서울에서 퇴근하고 막 출발하시고 그러면 맨날 텔[레그램 대화방]에 올려요. "저 출발합니다".

최순화   "간식 남겨놓으세요".

박미리   자기 거 남겨놓으라는 거죠, 전체 텔방에. 일단 연습이 그런 식으로 시작이 되고. 질문이 어떤 거였죠?

면담자   연습 시작을 하면 진행은 누가 하시고, 어떤 순서로 진행되나요?

최철호   어유, [진행은] 당연히 지휘자가 하시죠.

박요섭   저희가 7시 반 정도부터 시작을 하거든요.

박미리   "연습 시작할게요" 이렇게 해서 7시 반부터 시작을 해서, 1부 연습이 있고요. 그리고 중간에 한 번 텀을 두고 쉬고 2부 연습을 하는데, 2부 연습 시작 전에 그 주의 매주 아이들 생일, 아이들[을] 기억하는 생일 기억 모임. 아니 모임이 아니지, 생일 기억식 자리가 있어요. 아이들의 생일 달력에 보면 (박요섭 : 일주일마다) 아이들마다 이야기[가] 있는데 그 아이들을 함께 기억하는 시간인 거죠.

2부 연습 시작하기 전에는 생일[을 맞이한 아이들에 대한 이야기를 낭독하고, 그런 다음에] 기억 노래를, '잊지 않을게'를 항상 부르고 그리고 2부를 하고요. 1부, 2부 진행은 거의 제가 하고, 중간에 공지 사항이랄지 뭐 논의할 거리가 있으면 단장님이 (박요섭 : 단장님이 나오셔서) 나오셔서 진행하시고.

면담자   연습은 파트별로 진행하지는 않나요?

박요섭   파트별로 해야죠.

최철호   근데 다 같이 모여 있는 데서 소프라노 한 번 불러보고, 엘토[알토] 한 번 불러보고, 뭐 이런 식으로.

박미리   예, 예. 파트 연습도 하고 전체도 부르고.

면담자   파트별로 따로 모여서 연습하지는 않나요?

박미리   따로 모여서 그렇지는 않아요.

박요섭   저희가 따로 모여서 할 연습실이 없어요.

최철호   그리고 뭐 따로 안 해도 다들 잘해서.

최순화   떠들다가 혼나요. 다른 파트 연습할 때 떠들다가 혼나요(일동 웃음).

박요섭   그 앞에다 막 '떠든 사람' 막 이렇게 쓸 수도 있고. 서로 일르거든요.

최철호   그리고 새로 누가 오시면 중간에 쉬는 시간 끝나고 꼭 노래시키고. 꼭 노래시키고 그러면 저희가 꼭 불러주는 노래도 있고.

박미리　　　네. 환영의 노래를 불러드려요.

면담자　　　어떤 노래를 불러주시나요?

박요섭　　　'사랑합니다' 불러주면서 끝나요.

면담자　　　매주 연습 때마다 그 주에 생일인 아이들의 기억식을 하시는 게 정말 의미 있는 시간일 것 같아요. 이건 누구 아이디어로 언제부터 시작하셨어요?

최철호　　　1년 다 됐나?

최순화　　　작년? 1년 된 것 같아요.

최철호　　　네, 1년쯤 된 것 같아요.

최순화　　　그게 초반에, 2016년에 연말쯤이었던 것 같은데 어떤 아이의 생일 때 생일 케이크를 누가 사 오셨던가, 뭐 이랬던 것 같은데?

최철호　　　(손 듦)

박미리　　　(최철호를 가리키며) 그죠. 어떤 아이 생일인데 생일 케이크[를] 사 오셨어요. 그렇게 그러면 합창단에 계시는 [유가족]분 아이 케이크를….

박요섭　　　사 오신 거예요, 우연히 생겼는데 핑계 대고 가져오신 거예요? 여기에서 지금 진실 규명 한번 해봅시다.

최순화　　　빵이고 뭐고 항상 밀가루를 찌찌로가 가지고 오서.

최철호   저기… 저기 이 이야기할 때는 카메라를 좀 치워주세요(일동 웃음). 제가 기억하는데, 제훈이 생일이었어요.

박미리   맞아요, 제훈이 생일.

최순화   최근이었구나.

박미리   12월?

최순화   아냐, 엊그제, 엊그제가 [제훈이 생일이었어].

최철호   그런데 제가 약간 실수… 나는 '실수를 했다'는 생각을 좀 했어요. 그니깐 '그다음부터 계속 못 할 건데, 내가 일을 저질렀다'고.

박미리   그리고 또 저는 기억이 나는데, 부모님들이 "우리 합창단에 있는 아이들만 기억하는 거는 좀 그렇다, 미안하다. 그래서 아이들[을] 다 함께 기억했으면 좋겠다" 그렇게 차웅 어머님이 이야기하였나? 그래서 시찬 아버님이 "이렇게 읽어주고 그러면 어때요?" 하는 걸 운영위에서 같이 회의할 때 이야기하셔 가지고 저희가 그러면 합창단 아이들뿐만 아니라 [하늘로 간 아이들을] 함께 다 이렇게 [하기로 했어요].

박요섭   우리가 '잊지 않을게'[를] 맨날 부르면서 "아무도 외롭지 않게"라고 맨날 부르는데, 단순히 여기 합창단에 있는 부모님이라서 그 아이들만 기억하고 있다 하면 안 될 것 같은 생각이 드는 거예요. 그니깐 '수많은 아이들의 그 하나하나 아이들을 우리 부모들이 기억해 주지 않으면 과연 그걸 누가 기억할까?'라는 생각도 들기도 하고 '합창단이 좀 기억했으면 좋겠다'는 생각이 들어서 처음에 말씀을 드렸고….

근데 그게 또 있었어요. 그… 그 시간을 처음에 우려했었던 부분이, 그 시간이 [연습 중간에] 굉장히 오랜 시간 동안 그 아이들을 기억하고 하는 것들[에] 시간이 활용이 될까 봐 조금 우려스러워 하시는 부분들이 있었어요. 그게 아니고 짧게 아이들이 그 생각했던 꿈이라든지, 이야기들을 얘기하고 그다음에 마지막에 '잊지 않을게' 부르면서 이 아이들을 전체를 기억하고…. 1주일에 뭐 아이들이 적을 땐 한 명, 없을 때도 있고, 많을 때는 뭐 한 10명 이렇게 있을 때도 있는데 "그렇게 해서 했으면 좋겠다" 뭐 이렇게 얘기를 했던 거죠. 그게 진행이 되면서 자연스럽게 2부 [연습] 시작 알림도 되고. 저는 노래 부를 때 아이들 내용을 다시 한번 쭉 보면서 노래를 부르거든요. 그게 너무 좋더라고요.

박미리   네. 그래서 이제 운영위원분 중에 한 분이 그걸 맡으서 가지고, 매주에 (박요섭 : 아이들 알림을) 아이들 알림을 올려줘요. 그다음에 이제 단원들이 다 같이 보면서 '잊지 않을게' 노래를 부르는 거죠. 그분이 나오셔서 그것도 진행을 하고요.

면담자   합창단만의 의미 있는 의례가 되었네요.

박미리   예, 예, 그런 거죠.

박요섭   이것도 어쩌다가 그렇게 된 거예요.

면담자   케이크 덕분이었네요.

최철호   덕분은 아니고, 속으로 처음 저지르고 되게 속으로 '큰일 났다'(웃음).

박미리   근데 그게 정말로 다행스러웠던 게, 작년 2월이니깐 이제 2년이 됐는데 저희가 이제 작년 4주기 [영결식]하고 [정부]합동분향소가 철거가 됐잖아요. 근데 저희가 [원래] 합동분향소 옆에서 연습을 했거든요. 연습 전에 저도 가끔, 그리고 다른 일반 단원분들도 가끔 연습 전에 합동분향소 가서 아이들 얼굴 보고 아이들한테 인사하고 연습을 가는 거예요. 그런 것들, [그런] 시간이 굉장히 소중했는데, 합동분향소가 이렇게 딱 사라지고 나니깐 굉장히 마음이… 어찌할 바를 모르겠더라고요. 그랬는데 그럴 때 이렇게 생일 기억식을 하면서 아이들을 한 번 더 기억하고, 또 여기 지금 옮겨진 공간으로 와서도 이렇게 아이들한테 인사를 먼저 하지 않아도 또 기억할 수 있는 시간이 있고 그래서 저한텐 개인적으로 이 생일 기억식 시간이 굉장히 소중한 시간이에요. 지금은 생일 기억식 하는 공간에 아이들 플랑으로[플래카드로], 아이들 영정 사진들을 플랑으로 전체 이렇게 두셨거든요. 그래서 '잊지 않을게' 부를 때 저는 아이들을, 아이들 눈빛을 봐요, 그때처럼. 분향소에 가서도 이렇게 이름과 눈빛을 보는 게 저의 나름의 의식이었는데, 지금은 '잊지 않을게' 노래 부를 때 아이들 얼굴을 보는 시간이 되는 거죠.

12
합창단의 의미

면담자   그리고 2015년 발족 후부터 공연과 연습을 병행하면서 꾸준히 활동하고 계시는 거죠? 혹시 중간에 공연이나 연습을 잠깐 쉬었던 적이 있나요?

박미리, 박요섭   (동시에) 없어요.

박요섭   아니, 그러고 보니까 그것도 그러네?

최철호   그러니깐 뭐 설날이어서 빠졌다 그런 건 있죠.

면담자   아뇨, 그런 건 빼고요.

박미리   아뇨, 없어요.

면담자   그것도 정말 대단하시네요.

박요섭   그 설날에 한 번 빠지니까요.

박미리   그러면 단장님 큰일 나요, 단장님한테 혼나요(일동 웃음).

박요섭   예, 맞아요. 그리고 단원들 자체가 설날에 한 번 빠져가지고 그 2주간의 그 시간이, 만남을 너무 오랫동안 고대하시더라고요.

최철호   허해요. 1주라도 빠지면 허해요.

박미리   되게 오래간만에 만난 것처럼.

박요섭   중독되신 거죠, 얼굴 꼭 봐야 되고.

최철호   어떤 때는 공연이 많아서 일주일에 한 서너 번 막 이렇게 만날 때가 있어요. 그러다 그다음 주에 공연이 하나도 없어서 일주일에 한 번 보면 되게 어색해요(일동 웃음).

면담자   아까 그 지휘자님께서 "연습 시간에 오게 하는 것 자체가 굉장히 중요하다"라고 말씀을 해주셨고, 또 "연습을 건너뛰면 허하다"고 말씀하시니까 여쭤보는데요. 연습 시간을 소중히 생각하고 꼭 연습을 가야겠다고 만드는 어떤 계기나 느낌이 있나요? 연습에 꾸준히 참여하게 되는 이유가 뭘까요?

최순화   저나 [시찬] 아버님은 그니깐 다른 활동들을… 아버님은 목공방도 하셨었는데, 그걸 합창단 때문에 그만두시고(웃음).

박요섭   단장님이 은근히 눈치 주시더라고요, 때려치우라고.

최순화   (웃으며) 무조건 나한테 그래.

최철호   좀 있으면 저한테 회사도 그만두라고.

최순화   진짜 회사 그만두고 미국 가요(일동 웃음). 음… 한 가지에 집중하거든요. 굉장히 많은 엄마들도 공방 프로그램 한두 가지씩 하고 그러는데 저도 거기 가면 또 거기에 마음을 당연히 쏟게 되잖아요. 시간을 들이고 내 몸이 가면 마음도 쏟게 되는데, 그렇게 가고 싶은 마음이 없어요. 근데 합창단은… 거의 몸에 배어 있는 것 같아요, 내 삶에서 지금은 가장 중요한 게 이거 같고. 어… 왜 이렇게 좋아할까? 왜 좋아…….

박요섭   사람이 있잖아요, 사람이.

최순화   맞아… 사람이 있어, 진짜 사람들을 만나는 시간이고. 어… 저는 제가 개인적으로 성장도 일어났고, 이런 얘기도 한 것 같은데, 성숙? 성장? 뭐 이런 게 개인적으로 있는 것 같아요. 사람들과의 만남에서 몰랐던 나도 발견하고 나의 문제점도 발견하고, 아, 이런 어떤 의견 충돌이 있을 때 그 해결하는 과정들이, 어느 집단이나 의견은 다 다르니깐. 이거를 해결을 하고 다음 단계로 넘어가야 되는데, 참 두려웠던 시간들이 있었거든요. 도저히 합의가 되지 않을 것 같은? 실제로 튕겨 나갈 것 같은? 어, 중간에 튕겨 나가신 분들이 있긴 하지만 아무튼 그런 과정들을 겪으면서 그 순간에는 되게 두렵고 걱정도 많이 했는데 지나고 나니깐 그런 시간들을 그냥 견뎌낸 거죠.

견뎌냄으로써 나한테 굉장히 많은… 성장이 온 것 같아요, 사람들 대하는 태도도 달라지게 된 것 같고. 이제 어쨌든 간에 단원들을 이렇게 돌아봐야 하는, 살펴야 하는 위치에 어쩌다 보니 있다 보니깐 자꾸 돌아보게 되고, 나 자신도 돌아보게 되고, 말도 조심하게 되고, 그러면서 저한테는 어… 나를 돌아보는 시간이기도 하고…. 그러면서 많은 생각들을 키워가는, 미래에 대한 생각도 하게 되고…. 개인적으로 큰 성장을 가져다주는 것 같아요, 실제적으로 성과도 많고. 예, 합창단이 이뤄낸 성과도 많이 있는데, 그것보다는 전 개인적으로는 개인의 성장을 얘기하고 싶고…. 그 성장이 주는 뿌듯함도, 성과들이 주는 뿌듯함도 꽤 크죠.

박요섭   아까 말씀드렸던 것의 연장선상인데, 옆에서 꾸준히 계셔주신 분이 소중하다고 얘기했던 부분이랑 약간 겹치는 건데···. 만약에 우리 부모들만 있었다면 부모들이 힘들다거나 무슨 환경적인 여건 때문에, 다른 활동 때문에 빠져나가기 시작하면 사실은 합창단[은] 아까 못 한다고 말씀드렸잖아요. 그게 큰 거 같아요. 그러니깐··· (잠시 침묵) 그 이분들이 없었다면, 아마 똑같은 얘기가 반복되는 것 같아 가지고 제가 조금 그런데, 합창단은 없었을 것이고···. 그리고 제 차를, 어디 갈 때 제 차로 많이 움직이곤 하는데 뒤에 어머님들이 많이 타세요. 가면서 이런저런 얘기를 막 하거든요.

그러면서 "아, 나 힘들어 죽겠어. 이번에는 공연이 네 번이야. 아유, 죽겠어" 이런 경우도 있고 막 그래요. 그러다가 본인들 스스로 또 얘기를 해요. "야, 그래도 우리 같이 옆에서 해주시는 분들 있잖아. 그분들 매주 월요일 날마다 차로 2시간씩 그렇게 운전하고 와서 또 끝나고 밤늦게 와서 또 그다음 날 새벽까지 출근하고 그런 분들도 있는데 우리[가] 힘들다고 하면 안 되지, 우리 부모잖아" 그런 얘기를 막 하세요. 그게 대단한 도전이 된 것 같아요, 저희들한테는. 탁 쓰러지려고, 그만두려고 하다가도 옆에 계신 분들 보면서 또 힘을 얻고 또 의무감과 책임감으로 그거를 감당해 내고 그러면서 버텨왔던 것 같애. 그게 합창단의 힘이고 또 꾸준히 유지되는, 서로 보면서 배워가면서 이렇게 하는 그게 아닌가 싶어요.

최순화   그니깐 저만 느끼는 거 아니고 다들 느끼는 것 같아요, 어머님들이, 부모들이. 왜냐면 전에는 굉장히 많이 빠졌거든요. 결석을 많이 했어요. 그러면 신경이 쓰이잖아요. 연락하고 그러는데도 다음 시간[에] 또 빠지고 한 달 이상 빠지고 그랬는데, 지금은, 지금은 거의 없어요. 그게 신기하더라고요. 그게 부모들도 다 개인들이 스스로 느낌이 있는 것 같아.

박요섭   스스로 느낀 거죠. 그러니깐 몸으로 보고 느낀 거기 때문에 그 약속을 본인 스스로 계속 지키시는 거죠, 다짐한 약속을. 누가 이렇게 옆에서 하라 마라 했던 게 아니고….

최순화   맞아. 스스로 하시는 거죠, 다 이제.

13
유가족 단원과 시민 단원들 간의 관계

면담자   사실 유가족분들께서 참사 이후에 "유가족이 아닌 다른 사람들을 대하는 게 좀 어렵다. 같은 유가족 입장이 아니면 서로 이해를 잘 못 해주니까 본인의 부모, 형제간도 어려워지더라" 이런 말씀들을 구술에서 꽤 하셨어요. 근데 합창단을 같이하는 일반 시민 합창단원분들을 대할 때는 좀 어렵지 않으셨나요?

최순화   지금은 전혀 안 그래요, 오히려 보고 싶어 가지고.

박요섭   지금은 아니고 처음에는 제가, 아까도 말씀드렸다시피 의심의 눈초리로 있을 수밖에 없고, '저분들이 500일 행사 끝나고 나면 뭘 할까?' 그런 게 있었죠. 말은 안 하죠. 말은 안 하지만 그래도 '계속 옆에 계셔주실까? 더군다나 우리가 계속 이렇게 힘들고 울고 슬픔이 가득 찬 이곳에서, 이걸 어떻게 버티고 이겨내실 수 있을까?' 하는 의문이 저는 들었어요. 그래서 저 개인적으로는, 지금 이 자리니깐 제가 고백을 드리는 건데, 함께 있는 자리를 좀 밝게 만들어주고 싶었어요. 제 개인적으로 제가 결심한 거거든요.

내 개인적인 상황을 보면 슬프고 분노가 일어나고 막 죽겠지만, 옆에서 같이 이렇게 묵묵히 그 자리를 지키시는 분들이, '한두 번은 그걸 위로해 주고 버텨주고 같이 울어주고 하시겠지만 매주는 힘들겠다'라는 생각을 했어요. '그게 계속 지속된다면 이분들이 버틸 수 있을까?'라는 생각을 해서 '나라도 내가 더 먼저 밝게 해주고 나부터라도 농담 한 번씩 툭툭 던지면서 이분들이 조금 덜 힘들었으면 좋겠다'라는 생각을 했거든요. 그래서 그냥 좀 실없는 얘기도 많이 했던 것 같고. 어… 그렇게 서로를 배려하면서 버텨왔던 것 같아요.

면담자   아무래도 서로서로 배려하시는 게 굉장히 중요했던 것 같네요. 지휘자님께서 말씀하실 때도 "힘을 빼고 애쓰지 말자" 이렇게 말씀을 또 하셨던 것 역시 가족분들을 위한 배려였고, 또 가족분들께서도 방금 아버님 말씀처럼 너무 마음을 쓰지 않으시도록 배려를 또 해주시는 면들이 있었던 것 같아요.

박요섭   근데 그게 저만 그런 게 아니고요, 다들 그런 마음들이 있으신 거예요, 똑같이.

최철호   사실은 이렇게 다 표가 나거든요. 표가 안 나도록 하시려고 하셨는지 모르지만(일동 웃음).

박요섭   그쵸, 다 알죠.

최철호　　다 표가 나요, 표가 나고…. 그러니까 처음에 합창단 [에] 와서는, 제가 처음에 와서도 그렇지만 처음에는 이제 확연하게 구분을 해놓은 느낌이었어요. 그러니깐 가족분들과 나를 포함한 [유가족이] 아닌 사람들, 이렇게 아무도 구분해서 안 대하지만 확연하게 딱 구분되는 기준이 있는 거죠, 나쁜 의미에서가 아니라. 그래서 아마 회의를 할 때도, 다들 어떻게 생각하시는지 모르겠지만 회의를 할 때도 가족분들이 좀 적극적으로 의사를 표시하면 나머지 분들은 별로 의사표시 안 하고 그랬던 시절이 있어요.

박요섭　　할 수가 없죠.

최철호　　예, 그러니깐 그냥 뭐 "그쪽에서 결정하시는 대로 가겠습니다" 이런 분위기로…. 그래서 차라리 그런 거를 저는 개인적으로 좀 깨고 싶었던 때도 있었고요. '다 같이 n분의 1로 하자', 그게 더 좋을 것 같다는 느낌이, 억지로 그런 생각을 한 거죠, 분위기는 안 그래서도. 그리고 아버님처럼 이렇게 일부러 막 이렇게 하시는 것들도 다 표가 나고 알고, 서로가 다 눈치로 알고 있었던 것 같아요. 알고 있었던 것 같은데, 그런 것들이 왜 서로의 지나친 배려 이런 것들이 느껴져서 혹시 불편할 수도 있잖아요. 사람이 살다 보면 그죠? 지나친 배려가 불편할 수도 있는데, [합창단에서는] 전혀 안 그랬던 것 같아요. 전혀 안 그랬던 것 같아서, 그러니까 이… 몹시 서로 존중하고 잘 배려하는데, 그게 너무 기분이 좋은, 예.

박요섭　　그게 제가 개인적으로 다 배운 거예요, [시민 합창단원들을] 보고.

최철호　　　(웃으며) 저도 할 수 없이 처음에는, 지금은 조금 덜 그런데, 약간 긴장도 있고 잘 배려하려고 애도 쓰고 하는데, 그게 에너지를 소모하는 일이잖아요. [그런데] 에너지를 소모하는데 전혀 힘든 느낌이 아닌 거죠. 그래서 계속 저쪽 [유가족 합창단원들]의 배려가 고맙고, 저도 그래서 자연스럽게 그렇게 하는…, 그래서 이제 집에 갈 때 한결 홀가분하고, 느낌이. 아까 뭐 "사람들이 있어서 오는 것 같다"고 했는데, 뭐 그런 것 같아요. 이제 보면 지금은 세월이 좀 지나서 그렇게 딱히 구분해서 보이지도 않고요(웃음).

박요섭　　　혹시 그렇게 힘이 나서 새벽 2시, 3시에 글을 올리시는 거 아니에요? (웃음)

최철호　　　요즘은 좀 일찍 자려고 합니다. 요즘은 1시쯤 되면 졸립니다, 요즘은 좀 그렇고 옛날에는 안 그랬는데. 그래서 하여튼 어쨌든 아까 뭐 합창단 오는 이유 그런 것도 연결되어 있는 이야기인 것 같고요. 이렇게 와서, 오면 기분이 좋으니깐 오겠죠, 오면 즐겁고 좋아서 오는 거고. 그런 서로 간의, 어떻게 보면 약간 지나친 배려인데, 그게 굉장히 기분 좋은 배려들이고요. 내가 하는 것도 즐겁고 받는 것도 즐겁고, 이런 것들이 계속 서로 이렇게 힘을 주고 하는 과정들이 있었던 것 같아요. 표 납니다. 아주 심하게 심하게 나요, 제 눈에는(웃음).

박요섭　　　표 안 나게 하려고 했는데.

최순화　　　저는 표 안 났죠? (웃음)

최철호　　　　아이고, 무슨 말씀을. 실없는 농담이라고 툭툭 던지는데, 아이고 또 또……(웃음).

박미리　　　　저는 아버님[이] 방금 그 말씀 하실 때 그 장면들이 생각났어요. 진짜, 아버님 그 모습들이 진짜 많이 표 났고요.

면담자　　　　어떤 장면인지 살짝만 소개해 주세요.

박미리　　　　막 이렇게 눈이 오는 날, 연습하고 있는데 하얀 눈이 막 내렸어요. 아버님이 눈을 보면서 (박수 치며) "와, 눈이다!" 막 이러면서 분향소 앞마당을 막 뛰시면서 이렇게… 막 그런 모습이랄지, 저희는 못 하는 그런 거. 그리고 단장님도 간혹 한마디씩 연습 시간에 이렇게 말씀하시는 거?

최순화　　　　사진도 찍었나?

박요섭　　　　별빠가 제일 잘하시죠(일동 웃음).

박미리　　　　아, 맞아요. 창현 아버님도 그러시고.

박요섭　　　　최고죠.

최순화　　　　아니, 저 눈밭에 누워서 사진 찍으라고 그러잖아요.

박요섭　　　　적극적으로 시켜야죠, 뭐(웃음).

박미리　　　　저도 '애쓰지 말아야지'라고 했지만 사실은 굉장히 애쓰고 있는… 부모님들도 그렇고 서로가 다 애쓰고 있었던 거죠. 연습 시간에 어떤 발언을 했는데 이게 저는, 이렇게 뭐죠? 혼자 말하고 있는 거니까요. 혼자 말하고 있는데 이게 [듣는 이들에게] 확 들어가는 느낌이 들 때가 있잖아요, 저의 발언이. 그럼 집에 가면 이제 잠이 안 오는 거예요. 그런 시기가 있었어요. '아, 이게 말실수가 아닐까?' 이게 되게 조심스럽고, 어떤 단어를 어떻게 써야 될지, 뭐 어떤 말을 어떻게 할지 이런 것들도. 그런 시기가 있었고, 뭐 지금도 그렇긴 하지만 그때보다는 이렇게 막 부담감이 많지는 않죠. 아니, 그때는 되게 많았죠.

박요섭   그게 느껴졌어요, 다 보였어요.

박미리   저는 아니었을 텐데?

박요섭   아유, 다 보였어요. 서로 알면서 모르는 척 해주는 게, 참⋯⋯.

최철호   서로 눈치가 빨랐던 거.

박요섭   (최철호를 보며 장난스럽게) 능, 글, 맞, 다(일동 웃음).

최철호   사실은 서로 눈치가 빨라서 즐겁죠.

최순화   [2019년 2월] 12일 날 애들이 명예졸업 했잖아요. 근데 단원분들도 오셨어요, 지휘자님도 오시고. (최철호를 보며) 찌찌로는 뭐 하다가?

박요섭   출근했잖아, 출근(웃음).

최순화   지휘자 선생님이 이제 왔고, 그거를 보면서 우리는 당연한 거라고 생각 안 해요, 너무나 고마운데. 그때 온마음센터 분들도 오셨는데 (고개를 끄덕이며) "와, 합창단⋯" 놀랍다고, 이렇게 와줘서 서로 안아주고 하나하나 다 안아주시고… (박요섭 : 챙겨주고) 거기 와서 또 부둥켜안고 울고 그런 모습 보면서 "합창단의 이런 모습 너무 놀랍다"고.

박요섭　　온마음센터 분들이 그러더라고요, "우리 합창단은 정말 연구의 대상"이라고. 진짜 이런 게 없대요. 참사 겪고 나서 이렇게 합창단을 하면서 이런 결과물이 나오는 게 없어서 "한번 연구해 볼 만한 값어치가 있는 합창단"이라고 얘기를 하더라고. 그 자부심으로 있어요.

박미리　　(최철호를 보며) 지금 졸업식 못 오셔가지고 후회되시죠? 저희 짜장면도 먹었는데.

최철호　　일부러 "못 왔죠?" 이렇게 밝게 얘기하시네(일동 웃음).

면담자　　합창단에서 가족분들이나 일반 시민분들이 지금은 서로 구분이 안 된다고, 서로 자연스럽게 어울려 있는 그런 모습이 정말 상상되네요. '이제는 진짜 서로 편하다'라는 느낌이 든 시기나 계기를 특정해서 말씀해 주실 수 있을까요? 물론 시간이 쌓여가면서 차츰 자연스럽게 느끼셨겠지만요.

박요섭　　(박미리, 최철호를 가리키며) 그건 저희보다도 옆에서 계셨던 분들이 얘기하시는 게 맞는 것 같아요.

박미리　　음… 저는 생각나는 지점이… 저희가 아주 멀리 공연을 간다거나 이러면 새벽에, 아침에 만나가지고 한 대 버스로 같이 움직이거든요. 그럼 하루를 통으로, 집에 가면 다시 또 새벽이 되는 하룬데, 그렇게 하루를 통으로 보낼 때랄지 그런 시간들이 점점 쌓여가는 거였고…. 그러면서 저희가 모꼬지를 하자고 또 제안을 했을 때, 처음 모꼬지를 갔을 때 저는 '부모님들이 이렇게 환히 웃으실 수 있구나'라는 거를, 그때 당시에 보면서 울컥했는데, 그렇게 하룻밤 같이 자기도 하고, 그런 시간들이 쌓였던 것 같은데요. 이게 직장 다니시는 분인데 평일 날 공연을 간다고, 지방 공연을 간다 그래도 뭐 연차를 내시고 같이 함께 하루를 다 통으로 내서 오신달지, 이러한 분들의 시간들이 같이 쌓이는 것 같아요.

박요섭   맞아요, 시간이 쌓이는 것 같아.

박미리   네, 네. 그래서 어느 순간 이제 말하지 않아도, 목포 공연을 갔다, 고흥 공연을 갔다 이렇게 왔는데, 다시 분향소 앞에서 버스가 한밤중에 내려가지고 부모님들이랑 별로 이야기를 많이 하지 않았어도 또 "조심히 들어가시라"고 인사 나눌 때 그때 이렇게 한 걸음 더 어머니하고 더 가까워진 느낌?

최철호   딱히 특정 시기[를] 찍기가 되게 고민돼서 힘드네요. 그냥 우리는 1, 2년 전? 1년 반 전? 그랬던 것 같아, 이렇게.

박요섭   아, 그것밖에 안 됐어요?

최철호   이거 3년 정도로 다시 편집할 수 있죠(웃음).

면담자   아버님은 비슷한 느낌을 언제쯤 받으셨어요?

박요섭   저도 언젠가로는 특정을 못 하겠고요….

박미리   저는 또 있어요. 아마 저희가 더 그럴 것 같긴 한데.

제가 아들이 한 명 있는데, 이번에 중학교 올라갔는데 초반에는 [합창단에서] 아이 이야기를 하지 않았어요. 애써 하지 않았고 할 수도 없었고. 그런 시간이 있었는데 [세월호 참사] 3주기였나? 그때 3주기 추도식 할 때 안산에 아이랑 같이 갔던 것 같아요, 남편이랑. 같이 갔는데 아버님이 아이를 꽉 안아주셨는지 막 너무 반겨주시는 거예요. "어, ×× 왔니?" 어머님들 막, 여기서야 밝히지만, 용돈을 막 주시고 그러면서 제 아이도 함께 그렇게 껴안아 주시는 거. 그리고 어… 계속 그 뒤로도 그렇게 내 가족을 또 챙겨주시는 것들이 한 걸음 더 가까워지는 거죠. 그냥 그래서 이제 그 뒤로는 연습 시간에도 툭툭 아이 이야기도 할 수 있게 되고…. "오늘, 예전에 이런 일이 있었다" 이런 얘기도 하게 되고, 점점 저의 과거 이야기도 하기도 하고, 이렇게 저의 일상을 또 나눌 수 있게 되는 거죠.

박요섭　　　　어느 순간에는 결혼식 올렸던, 보통 [결혼]한 지 20년, 30년 되신 분이거든요. 그 사진들이 쫙 [텔레그램 대화방에] 올라오고. 막, 옛날 사진들.

박미리　　　　네, 저희 과거 사진들, 저희 익바 사진도 봤어요(일동 웃음). 그런 시간도 또 서로 나누고 그러니깐 자신의 과거 그리고 지금의 일상 이런 것들을 서로 나누게 되는 시점이 서로 있었던 거죠. 그게 언제였는지는 기억이 나지 않지만 그렇게 차곡차곡 자신의 이야기를…, 그러면서 부모님들의 젊었을 때의 처음 만나서 가지고 결혼할 때 모습 뭐 이런 사진도 저희도 보게 되고. 그래서 시찬이를 통해서 만났지만 시찬이의 어머니, 아버님을 이제 이렇게 알게 되어가는 거죠, 네.

면담자   더 이상 유가족 부모 그리고 일반 시민으로서의 만남이 아니라 4·16합창단의 합창단원으로서 인간적인 유대를 쌓아가는 과정이었네요.

박요섭   우리 안에서는 가족이죠. 다들 역할들이 다 있는 것 같아요. 어떤 분은 진지하게 하시는 분, 어떤 분은 위트 있게 하시는 분, 어떤 분은 엉뚱하신 분, 뭐 이런 것들이 다 어우러져 가지고 그 안에서 굉장한 케미를 만드는 것 같아요.

최순화   아. 커피 내려주시는 분도 있어요, 매주 연습 때.

박요섭   별빠.

박미리   아, 그 이야기를 연습 시간 이야기할 때 안 했나? 중요한데.

최철호   아침에 커피 내려주는 분이 따로 있는데.

최순화   그분의 권위가 제일, 더 쎄요, 더.

박미리   하늘을 찔러요. 단장님이랑 같이 사시는 분.

박요섭   [권위가] 있다고요? 항상 보면 눌려 있으시던데?

최순화   아니에요(웃음).

박요섭   기에 확 눌려 있으시던데.

최순화   아니, 커피. 하여튼 커피 내리는 것에 대한 자부심이

하늘을 찔러, 아주.

박미리 소중하죠. 연습뿐만 아니라 공연 때도 갖고 오세요, 공연장에도 갖고 오셔가지고.

박요섭 아, 근데 진짜 맛있어요. 저희 단원들[이] 다 한입같이 얘기하는 게, 한목소리로 얘기하는 게, 전국에서 제일 맛있다고 하는데.

최철호 별빠의 커피. 혹시 안 먹었을까 봐, 제가 늦게 오거나 이러면 (따르는 시늉을 하며) "안 먹었죠? 먹어요".

박요섭 아, 그거였구나, 저는 챙기는 건 줄 알았더니, 그 자부심이 [있었네].

14
기억나는 공연, 망설였던 공연

면담자 네, 그러면 다음 질문으로 넘어갈게요. 4·16합창단이 공연을 굉장히 많이 하셨더라고요. 제가 조금 찾아보니깐 일정이 일주일에 서너 개도 한 적도 많으시고, 한 달에 네다섯 개는 거의 기본으로 매달 하시더라고요.

박요섭 그 후에 저희가 횟수로 친 게 206회, 지금까지 나간 게. 내일 207회차 나가는 거죠.

면담자 많이 나가셨네요. 그중에서 특히 기억에 남는 공연이라든가, 정말 중요했다고 생각되시는 그런 공연이 혹시 있을까요? 단장님께 먼저 여쭤보고 싶은데요.

최순화 　　저는 [세월호 참사] 500일 [추모합창문화제] 때. 평화의나 무합창단 분들이 같이하자고 제안해 주셔서 광화문에서 했는데, '여 기, 사람들 있네' [타이틀로요]. 그때 무대가 'ㄷ' 자였어요. 'ㄷ' 자 무 대를 해서 저희가 가운데 있고 저희를 향해 노래를 불러주시는 데… 굉장히 감동적이었어요. 그… 노래를 부르는 이분들의 마음이 느껴졌어요. (웃으며) 그때는 굉장히 우리 안에 싸움밖에 없었는데, 거의 싸움꾼으로 존재하는 유가족이었는데, 가운데에 우리를 자리 해 놓고 우리를 향해서 이렇게 둘러싸고… (가슴으로 손을 모으며) 이 렇게 포근히 감싸 안으면서 얘기해 주는 것 같은 그런 느낌이 전 참 좋았어요. 그런 느낌이 들지 전 몰랐거든요. 그냥, 그냥 뭔지도 모르 고 가서 그냥 같이했는데, 그 'ㄷ' 자 무대 안에 있는데 우리를 향해 서 노래 불러주실 때 '아, 이렇게도 사람이 마음이 전해지는구나', 그 때 합창이라는 거, 합창의 어떤 힘? 위로 같은 거를 처음으로 느꼈던 때인 것 같아요.

박요섭 　　그거 같아요. 그게 내 옆에 있는 사람이 뭘 잘하고 못 하고가 중요한 게 아니고, 내 옆에서 가장…, 있어준다는 게 가장 큰 것 같아요. 그 마음이 서로 전해진다는 게, 그게 전에는 잘 몰랐는 데, 체육관에서 그 아이들[을] 찾으면서 쫙 빠져나가거든요. 그럼 그 빈자리가 착 생겼을 때 그 허전함이 굉장히 크거든요. 근데 옆에서 그 사람이 뭐 아이를 찾아주는 것도 아니지만 옆에서 털썩 앉아가지고 그 사람하고 같이 이렇게 있어주고 같이 밥 먹어주고, 옆에만 있어주는 것만으로도 굉장히 큰 위로가 되거든요. 그거 같아요, 지금도.

최순화　　　[진도에 내려가서서] 그 역할을 아버님이 늦게까지 하셨어요, 시찬이 찾고 나서도 묵묵하게.

박요섭　　　저는 시찬이 찾기 전에 그 결심을 했거든요. [시찬이를] 20일 만에 찾았는데, 그 자리 비어가는 거, '우리는 무조건 여기 다 내려와 있어야 된다. 아이들 다 찾을 때까지', 그 마음으로 했던 거고, 또 우리 합창단도 같은 마음에서…. 저는 그 마음이 너무 좋았어요. 그래서 처음에 봤을 때 '언제까지 저분들이 옆에 있으려나?' 했던 거고, 계속 있는 걸 보면서 이제 이분들 한 분 한 분이 뭐 잘하고 못하고는 저한테 중요한 게 아니고요. '옆에 있는 것만으로도 굉장히 크고 감사하다'라는 거, 그거죠.

면담자　　　아버님께서 옆에 있어주는 걸 강조를 해주셨는데, 합창은 정말 서로 옆에 있어야지만 가능해지는 거잖아요. 그런 의미에서 합창하고 있는 그 순간, 노래하고 있는 그 순간의 의미도 남다를 것 같아요. 솔로로 노래를 부르는 것과 다르게 합창을 하고 있다는 것의 의미가 남다를 것 같은데요. 합창을 하고 있을 때 어떤 느낌인지 제가 좀 더 상상할 수 있도록 설명을 부탁을 드릴게요.

박요섭　　　합창하고 있을 때요, 처음에는 그냥 우느라고 못했고, 조금 우리가 한 해 하니깐 더 잘하려고 했었고, 그다음에 좀 지나니깐 이제 옆에 사람들이 못하는 게 이렇게 보이더라고요(일동 웃음). 아무튼 그게 중요한 게 아니고, 거기서 우리가 또 세월호를 얘기할 수 있는 장소라든지 계기가 됐던 게, 우리 합창단이기 때문에 그런 것들이 너무 소중하고 좋았고요. 뭐 아까 창현 어머님한테 질문을 하셨던 것처럼 거기 연장선상에서 얘기하면, 가장 기억에 남는 기억 얘기를 하는데 제가 엄마들한테도 한번 물어봤거든요. "기억에 남는 게 뭐예요?" 그때 우리 그 100번째 [공연으로] 목포 갔을 때 밤하늘의 별[을] 보면서 아이들만을 위한 공연을 했거든요. 그러니깐 객석, 관객 아무도 없었어요. 우리가 그냥 가서 거기 세월호 있는 목포 신항 그 앞에서, 공원에서 그냥 아이들만 생각하고 불렀었거든요. 그걸 많이 얘기하더라고요, 엄마들이.

최순화   저도 그 생각났어요.

최철호   아마 기억[에] 남는 공연을 얘기하라면 그걸 짚는 사람이 제일 많을 것 같애.

면담자   그 공연에 대해서 조금 더 자세하게 듣고 싶은데요. 100번째 공연이 언제였나요?

최순화   100번째 공연인데, 목포 신항에 세월호[가] 올라오고 나서….

박미리   5월일 거예요, 아마. 2017년 5월쯤. 2017년 3주기 지나고 세월호가 올라오고 100번째 공연이 다가오는데 (박요섭 : '어떻게 할까' [하고 생각했을 때]) 네, "어떻게 할까?" 그랬고, 세월호가 목포에 와 있었고, "세월호 앞에서, 아이들 앞에서 노래를 부르자"는 얘기가 자연스럽게, 예. 그러니깐 5월 1일이었어요. 맞아, 5월 1일 제

생일날이었다. 제 생일날이어서 기억나는데, 5월 1일에 딱 내려가
가지고 공연을 저희 단원끼리 촛불을 켜놓고, 304명의 이름을 적은
그 컵에 초를 다 꽂아서 리본 모양으로 초를 바닥에 켜놓고, 저희가
이제 진행하면서 이야기 나누고 노래하고, 서로 돌아가면서 이야기
도 하고, 미수습자 아홉 명은 가운데에 더 큰 컵에 큰 초로…. 그 기
억이 저도 굉장히… 합창이 '누구에게 노래를 들려주기 위해서 노래
를 한다'라기보다는 우리 안에 내 스스로의 이야기를 합창에서 담을
수 있었던 거라서….

　저는 또 기억나는 공연은 4·16합창단만이 할 수 있는 공연이었
던 것 같은데. 생존자분 가운데 제주도에 살고 계시는 김동수 씨라
고, 의인 김동수 씨가 아프실 때 병원에 계신 적이 있었어요, 자해하
서 가지고. 그때 단장님이 "그분을 위해서 노래를 불러주고 싶다" 이
런 제안을 하셔서 같이 노래 불러드리자고, 그 한 분만을 위해서 비
행기 타고 제주도까지 가서 부모님들이 같이 노래를 했던 기억….

박요섭　　딱 진짜 합창만 하고 바로 왔어요.

박미리　　네, 그날이 원래 연습 날이라, 월요일에 아침 일찍 갔
다가.

박요섭　　그런 공연은 없을 거예요. 비행기 타고 가서 공연 딱
하고 다시 비행기 타고 착 오고, 어디 뭐 갈 수도 없었고.

박미리　　그렇게 힘든 분들을 위해서 그렇게 노래할 수 있는 합
창단이었던 게, 그때 그 기억이 나요.

박요섭   "가자" 하니깐 다들 "가신다"고 얘기를 하시더라고요. 쉽지 않은 결정인 거를 너무 쉽게 한마음으로 결정을 해주셨어요. 그게 합창단[의] 가장 큰 힘이죠. 서로 그 생각과 마음이 공유가 되지 않으면 결정할 수 없는 문제임에도 불구하고 얘기를 했을 때 한 사람이 딱 얘기했는데, "좋습니다" 하면 다 그 같은 마음에 동의를 해주고 그게 실행에 바로 옮겨지는, 참 합창단, 우리 합창단의 매력 아닐까 그런 생각이 들어요.

최순화   그러면서 못 가는 데가 없고, 이제 어디든. 그게 '어디든'의 포인트가 또 하나 생각나는 데가 순복음교회에서, 제가 그때 아마 고민이 됐었나 봐요, 선뜻 발걸음이 나서지지 않는…. 뭐냐면 순복음교회가 보수적인 성향의 교회인데 그곳에서 단원분 중에 아시는 분이 있어서 공연 요청이 왔었어요. 근데 이거를 갈 것인가 말 것인가 이거를 두고 고민을 했었어요. 그랬는데 '4·16합창단은 격의 없이 어떠한 편견도 없이 사회적 [평판이나] 어떤 생각도 없이 만난다'라는 기준을 두고 "그런 분들도 만나서 이게 계란으로 바위 치기라 해도 그분들에게 우리는 가서 우리 이야기를 하자"는 결론을 부모님들이 하셨을 때 되게 존경스러웠고….

   저는, 제가 살아온 저의 방식으로 가치관으로 하면 아마 안 갔을 거예요. 그랬을 텐데 거기서 이렇게 딱 무너지고 깨인 거죠. 근데 그때 그날 그 순복음교회에서 저 엄청 울었거든요. 그때 또 그런 시간이 있었어요. 그거, 교회에서 그걸 그걸 뭐라 그러죠? 통성… (최철호 : 통성기도?) 그 통성기도[通聲祈禱, 크게 목소리를 내서 하는 기도]인가 그 시간이 있었는데, 그거를 되게 저는 좀… 아마 그때 참여하지 못했으면 계속 평생 통성기도에 대한 부정적인 생각을 가지고 살았을지도 모르겠어요. 근데 그날 그 자리에 있으면서 부모님들의 모습을 보고, '아, 이 시간이 이런 힘이 있을 수도 있구나'라는 것도 겪으면서, 그때 그 시간도 한 걸음 다른 곳으로 나아가는 시간이었던 것 같아요.

최철호　　　갈까 말까 하는 논의가 그것 말고도 또 있었어요. 세종시에서 '노란우산 프로젝트', 그때도 그 전에 연습 마치고 앉아서 가냐 마냐 가지고 논의를 단체로 한 일이 있었어요. 사실 그때도 그런 얘기가 있었죠. 뭐냐면 "가서 세월호를 알릴 수 있는 곳은 어디든 간다" 그래서 그런 이야기를 했어요. 사실은 저는 그 뒤로 그때 아마 사실 발언한 거, 저도 사실 약간은 발언 세게 안 했지만 "안 갔으면 좋겠다" 이런 식으로 발언했고. 〈비공개〉 그래서 그때 논의하면서 "어디든 간다". 사실은 그때 은근히 반대 비슷하게 말하면서 그 얘기를 들으면서 아까 쉼표 이야기랑 비슷한데 이제 마음을 고쳐먹었죠. '아, 일단, 우리 4·16합창단은 그런 결이다', 그렇게 이해하고 그렇게 생각하는, '나도 그렇게 해야 되겠다', 그렇게 생각을 했고요. 사실 평화의나무 있을 때는 "바빠서 못 간다" 했지만 사실은 마음에 안 들어서 안 가고 이런 데도 있었는데(일동 웃음).

박요섭　　　미리쌤이 중간에서 그 역할을, 참 중요한 역할이고 힘든 역할인데 다 해주셨어요. 어디 섭외가 오면 장소부터 목적부터 어떻게 진행되는 것부터 해가지고 쫙 그걸 다 계속 조정을 하시거든요. 그러면서 미리쌤이 그런 것들이, 생각이 혹시라도 잘못된 부분들이 있으면 "우리 생각은 이런데 이렇게 했으면 좋겠다" 하고 이런 것들을 다 조정을 하세요. 우리 부모 입장에서야 뭐, 그게 다 조정된 상태에서 또 해주시니깐 감사하게 가는 거고. 고생이 되게 많으신 거죠.

박미리   아니에요, 네.

최철호   고생이 아니랍니다.

박요섭   거짓말이에요. 얼굴에 다 보여요.

최철호   그래요? (웃음)

면담자   "어디든 간다"라고 하시지만 그래도 갈까 말까에 대한 기준이 있었을 것 같긴 해요. 혹시 어떤 기준이라고 할 게 있을까요?

박요섭   '4·16의 목소리를 듣기를 원하면 간다'가 목적이고요. 그리고 일단 그 섭외가 들어오면 운영위 방에 올려요. "어디서 어떤 게 들어왔습니다"라고 하면 운영위 방에서 치열하게 토의할 건 토의를 하고, 뭐 큰 문제 없다면 "좋습니다" 하고 "오케이" 하면 운영위에서 결정을 해서 단원들한테 "이렇게 가기로 했습니다"라고 결정을 해서 통보를 해서 가는 거죠.

최순화   그것 때문에 제일 크게 부딪힌 적은, 17년 초인가? 프로야구 개막식, 수원 [케이티 위즈 파크].

박요섭   거기서 애국가 불러달라고.

최순화   프로야구 개막식 때 애국가를 불러달라고 했는데, "못

한다"[라는 부모도 있고] "가자"는 부모도 있었어요. 왜냐면 "TV에 나오면, TV에 나왔을 때 조금이라도 가족[들의 주장을] 알릴 수 있다"는 의견, 오히려 이렇게 "우리가 무슨 애국가냐. [4·16 참사 당시] 국가가 어디 있었는데?" 이러는….

박요섭   4·16의 노래를 부르는 게 아니고 애국가만 부르고 내려오라는 거 자체가 저희한테는 용납이 안 됐던 거죠.

최순화   그러니깐 거기는 안 갔는데, 그게… 그 때문에 마음이 좀 다친 분도 있었어요.

박요섭   예. 맞아요.

면담자   애국가를 불러달라는 요청을 거절해서요?

최순화   예. 결국에 거절했어요, 저희가.

최철호   "다 가자"고 찬성표를 던진 분도 계시니깐.

최순화   '그 기회를 왜 놓치냐?' 그렇게 생각하신 분도 계시니깐.

박요섭   보통은 합창단 공연 요청을 하면 합창단이 곡 선정이라든지 뭐 이런 것들을 알아서 하거든요. 근데 이건 되게 굉장히 의외였어요. 4·16합창단이 서는데 목적이 "애국가만 부르고 내려와 주세요"였거든요. 그 부분에서 너무 많이 충돌이 있었죠.

최순화   그분들도 생각해서 그런 건데, 생각해서. 그 "생존한 아이들 중에 한 명이 시구 좀 해달라" 그런 요구랑 같이 왔었어요. 근데 시구도 거절하더라고요. "아직은 매스컴에 나가기 어렵다"[라고, [애국가를] 부르라는 것도 못 하겠다고 하고.

박미리   그때 논의[가] 생각나는 건 일단 야구장이라고 하는 또 특성도 있었던 것 같아요. 야구장이라고 하는 그 공간에 오시는 분들이 어떤 마음으로 여기에 오시는지….

박요섭   그리고 솔직하게 얘기하면 부모들이 그때 국가에 대한 실망과 원망이 굉장히 컸을 때여 가지고, 태극기라든지 애국가 자체를…. 예를 들어서 '국기에 대한 맹세' 하면 손 안 올리고, "뭐 노래 부르자"고 하면 절대 안 부르고 그런 시기였거든요. 그래서 거기에 대한 거부감도 컸어요, 사실은. [4·16 참사 당시] 국가가, 나한테는 국가가 없었거든요, 우리한테는. 그 부분이….

박미리   '그것을 다 이겨내고 만약에 부모님들이 애국가를 부르신다고 해도 부모님들의 진심이 야구장에 온 사람들한테 얼마나 전달이 될까?' 저는 좀 그런 의문도 있었고요. 그것의 또 다른, 또 다르게 생각이 나는 것이, 비슷한 결로 생각나는 게 '치타'라고 하는 가수분이 (최철호 : 아, 맞아) 방송에 (박요섭 : 래퍼) 세월호 글을 써서, 래퍼가 하는 경연 비슷한 방식의 방송['힙합의 민족2']이었어요. 근데 이제 '세월호 곡으로 경연을 나간다'라고 했을 때, 방송에 나가는 것은 별 무리가 없는데, 저희가 함께한다거나 그런 건 무리가 없는데, 이게 경연이었거든요. 세월호라는 어떤 텍스트로 인해서 이분이 뭐 1위를 한달지, 이랬을 때 이게 이용당하는 느낌? 이게 이제 "그런 것은 안 된다"라는 논의가, 또 내부 논의가 있었거든요. 저희가 이제 세월호를 알릴 수 있는 곳이면 어디든 가는데, 저희 이야기가 요만

큼이라도 할 수 있고 또 이것이 대상화되지 않고 실제 이분들이 어떠한 마음으로 저희를 함께하자고 하는지에 대한 이야기를 하게 되는 것 같아요. 그래서 그런 것들에 대한 고민들이 좀 있었던 공연들이 있었죠. 근데 나중에 방송도… 뭐 가셨어요, 치타 [방송 때는] 또 이렇게 방청객으로 가셨었죠?

박요섭   네, 네, 방청객으로.

박미리   함께하지는 못하고, 노래를. 원래 코러스로 그때 요청을 했었는데.

박요섭   왜냐면 그분의 마음은 우리가 너무 감사하고 고마워서 코러스는 못 하지만 응원하는 마음으로 갔던 거죠.

박미리   방청객으로 가서 응원을 해드린달지 뭐 이렇게는 했는데, 노래는 못 했던 거죠. 그런 몇 번의 공연들이 있었어요.

최순화   이승환하고는 함께했어요.

박미리   네, 이승환 님하고는. 그건 좀 시간이 지난 뒤였던 것 같아요, 조금 더. 그 시기도 되게 중요했었어요.

15
시기에 따라 달라지는 노래의 의미

박미리   저도 그게 굉장히 큰 의미가 있는데, 정말 이 4·16합창단은 때에 따라서, 어떤 곡도 [받아들이시는데], 이때에는 정말 잘 부모님들이 마음 깊이 들어가시는데, 이때가 아직 아닌 곡들이 있는 거예요. 느낌이 탁 와요, 연습을 해보면.

박요섭   배척하죠.

박미리   불러봤는데, 이게 부모님들이….

박요섭   밀어낸다.

박미리   네, 이게 느낌이 확 있어요. 그러면 이제 다음 주 연습 때 안 하는 거죠. 이런 식으로(웃음).

면담자   어떤 느낌인지 좀 더 자세히 듣고 싶은데요. 시기와 곡에 따라서 부모님들께서 받아들이는 감정이 다른 건가요?

박미리   네, 그런 걸 수도 있어요, 네.

박요섭   예를 들어서 지금 뭐 굉장히 힘겹게 싸우고 있는데 갑자기 뭐 평화를 노래하는 노래라든지, 쑥 들어오면 우리는 지금 싸움의 노래를 하고 싶은데 이 평화에 대한 노래가 받아들여지지 않는 거죠. 연습은 하지만 굉장히 불성실하게 되고, 그걸 느끼는 거죠, 앞에서, '아, 부모님들이 이 노래를 원하지 않는구나'라고. 그럼 이제 접어뒀다가 나중에 나중에 또 좀 지나면 또 평화를 노래해야 될 그런 상황이 생기거든요. 그때 필요하면 그때는 또 받아들여서 우리가 같이 부르고 그러거든요. 예를 든 거예요, 이건.

박미리   네, 때가 있었어요, 정말로. 그래서 이제 노래 가사 말에도 그러는데, 꼭 평화[가] 아니어도 노래 가사 말에 아주 직접적으로 너무 힘든 가사 말이 나오는 곡들이 있을 수 있어요. 그러면 '이 부분은 부모님들이 그러시겠다' 하는 게 있어요. 근데 이거를 어… 정말 노래는 너무 좋은데, 곡은 좋은데, 지금은 한번 불러봤는데 '너무 힘드시구나'. 뭐 '동백섬' 같은 경우는 사실 그래요, 바다 이야기가 나오거든요. 그런 것들이 그때는 그랬는데 나중에는 이 곡이 또 이제 부르실 수 있게 됐고, 뭐 그런 곡들이 있죠. 때가 있더라고요.

박요섭   그러니깐 똑같은 노래를 부르더라도 어떨 때는 울컥해 가지고 그럴 때도 있고, 어떨 때는 그냥 또 노래가 무난하게 넘어갈 때도 있고 그러거든요. 환경과 여건 탓을 많이 타는 것 같아.

박미리   '사랑합니다'도, "당신을, 이 밤이 나 너무 행복합니다" 이런 가사가 나와요.

박요섭   말도 안 되는 거죠.

박미리   (노래하며) "행복합니다" 이게 안 되는 거죠. 어떻게 내가 "당신을, 행복합니다", 이게 안 되는 지점이 있었죠. [그런] 시기가 있었고, 근데 이제 이거를 그 "행복합니다"라고 하는 행복의 단어를 어느 순간 딱 승화시키셔 가지고, 어… 눈물을 이렇게 삼키시면서 "행복합니다"를 사람들 앞에서 부르시더라고요. 그게 이제 더 큰 힘으로 사람들한테 다가가는 거죠. 그게 그다음 가사가 "그리워, 그리워" 이렇게 나오거든요. 그러면 "내 가슴속 푸른 사람아" 하고 연결이 되게 때문에, 그때 이제 그 "행복합니다"라고 하는 의미가 어떤 의미인지 한꺼번에 전달이 되는…. 근데 거기까지 가기까지 연습을 하려면 이걸 노래 말을 말로써 토해내야 되잖아요. 근데 이게 힘들죠. (두 손을 가슴으로 모으며) 사실은 여기 있는 걸 토해내는 게 힘든

데, 그 과정들을 이제 이렇게 가시는 거죠.

박요섭 　　　반복이었던 것 같아요. 처음에 예를 들어서 '잊지 않을게' 부를 때든 뭐, 아까 그 뭐죠? 영상 찍었던 노래, '네버 엔딩 스토리' 부를 때도. 저는 '네버 엔딩 [스토리]'에 참여는 안 했지만 '네버 엔딩 [스토리]' 가사를 제가 써봤어요, 부를 자신은 없고, 써서 딱 보는 순간 제가 썼지만 이걸 부를 자신은 도저히 없더라고요. 가사 하나하나가 와서 꽃히는데 '이걸 어떻게 부르시지?', 근데 반복이었던 것 같아요. 계속 반복되면서 내 마음을 누를 부분에서는 누르고 터트릴 부분에서는 터트리고, 또 그걸 빨리 터트려서 그걸 승화시켜야 된다든지 하면 그걸 계속 반복하면서 그걸 스스로들을 단련시켰던 것 같아요. 그래서 어느 순간에는 '잊지 않을게'도 처음에는 그냥 거의 막 울다가, 거의 노래도 못 부르고, 노랜지 뭔지 모를 정도로 흐느끼다 내려오는 경우도 있었지만, 그게 계속 반복되면서 그걸 단련, 단련이라고 하나요? 단단해졌던 것 같아요.

면담자 　　　합창단의 연습은 노래를 하는 연습뿐만이 아니고 그런 마음을 준비하는, 마음을 단단히 하는, 그런 감정에 대한 연습이기도 했던 거네요.

박요섭 　　　근데 그게 사람마다 다 틀려요. 어느 지점에서 어떻게 느끼는 건 환경과 여건에서 다 틀려가지고…. 그게 지휘자 쌤이 참 대단하신 게 그걸 다 조율을 하신 거잖아요. 우리는 한 사람, 한 사람이지만 수십 명의 걸 다 조율해서 곡을 하나씩 만들어낸다는 게 그게 정말 쉽지 않은 거죠.

박미리   예전에 그… 부모님들이 어느 정도, 굉장히 많이 울고 공연하기 힘드실 때… 저는 '그런 시간들이 꼭 필요하다'고 생각했거든요, 노래를 부르면서 안에 있는 것들을 다 토해내실 수 있는 시간이. 그래서 그런 시간이 그때도 합창이었는데, 처음 오신 부모님이 계셨어요. 그때 태범 어머니… 예, 이런 분들이셨는데, 그분들이 노래를 못 부르시고 계속 연습 시간에 우시는 거예요. 근데 이제 창현 어머님이나 오래 하셨던 분들은 그분들을 보면서 이렇게 쓰다듬고 "이런 시간이 필요해. 우리도 그랬어, 처음엔 그랬어" 이렇게 또 부모님이 부모님을 껴안는 시간들.

박요섭   저도 그랬던 것 같아요. '잊지 않을게' 처음에 부를 때 저는 못 불렀는데 옆에서 너무 열심히 잘 부르시는 거예요. '저분들은 얼마나 단단해지셨기에 저렇게 부르시지?' 하고, 그 마음이 들었던 것 같아요.

박미리   저는 좀 예전에도 어디… 고흥에 있는 학교 아이들 공연에 가가지고 저를 발언시키서 가지고 얼떨결에 발언을 한 번 한 적이, 한 번인 것 같아요. 그때가 처음이자 마지막의 발언이었던 같은데, 그때 아이들한테 했던 말이, 애들이 막 슬퍼서 울잖아요. 근데 "그거를 두려워하지 말라"고, 그리고 그 마음껏 슬퍼하고 온전히 슬퍼해야 되는 것, 저는 그 과정의 시간이 충분해야 된다고 생각하거든요. 저는 '이 세월호도 온 국민이 굉장히 충분히 우리가 아파야 되고 그 시간을 충분히 온전히 잘 극복해야지만이 그다음이 있다'라고 생각하는데, 자꾸 이 한국의 근현대사에는 그 아픈 것들을 덮고, 빨리 잊고 이런 것들이 저희는 학습이 되어 있잖아요. 어릴 때부터도 슬픈 것을 빨리 잊고 지워버리고 이런 학습이 되어 있어서, 그렇지 않으려고 많이 애썼던 것 같아요, 저는.

박요섭　　　사람마다 그 애도의 시간과 길이가 다 다른데 그걸 획일화시켜 가지고…. 우리 장례문화에서도 3일 만에 빨리 끝내버리려고 하듯이 그걸 우리한테 이렇게 적용을 시키려고 하니깐 안 되는 거죠. 그래서 아직도 부모님들은 저하고 마음이 똑같아요, 생각은. 아직도 애도의 시간을 갖지 못했거든요, 사실은. 울긴 했지만 진정한 애도의 시간은 아직 갖지 못했거든요(침묵).

면담자　　　네, 감사합니다. 잠깐 쉬었다가 재개하겠습니다.

(잠시 중지)

16
목포 신항 밤하늘 공연

면담자　　　그러면 구술증언을 재개하도록 하겠습니다. 기억에 남는 공연에 대해서 여쭤보다가 말았는데요. 목포 신항에서 하늘의 별을 보면서 한 공연이었던, 100번째 공연. 그때 레퍼토리는 어떻게 구성하셨나요?

최철호　　　기억이 가물가물하네.

최순화　　　저희가 불렀던 노래는 거의 다 불렀던 것 같아요.

박미리   네, 그랬던 것 같아요.

박요섭   아이들한테 다 불러주고 싶어 가지고.

면담자   그러니깐 레퍼토리라는 게 따로 없이 모든 노래를 다 부르신 거네요.

박요섭   "엄마, 아빠들이 이렇게 불러왔어"라고 다시 한번 아이들한테 불러주고 싶었던 거기 때문에, 거의 다 불렀어요.

최순화   그때 [2017년] 3월에 세월호가 올라오면서 그때 3월, 4월부터 굉장히 4·16합창단에 공연 요청이 쏟아졌거든요. 근데 세월호가 올라옴과 동시에 싹 취소됐거든요. 근데 부모들은 다 거의 목포 신항에 가 있는데, 이 [일반 시민 단원]분들은 연습도 못 하고, 연습도 중단된 거죠. 이분들이 너무 가고 싶어 하셨어요. 근데 우리는 목포 신항에 가 있는데, 가고 싶은 마음을 막 너무 간절한 그게… 다 전달이 돼서, 공유가 되어서, 그러면….

박요섭   그리고 딱 그 시기에 100번째가 [공연이] 돼서, 겸사겸사 '우리 아이들이 오라고 하나 보다' 하는 생각이 있어서.

박미리   레퍼토리는 그 당시도 그렇고 지금까지도 거의 합창단의 대표곡들인데요. '잊지 않을게', '약속해', '어느 별이 되었을까' 이런 곡들을 그 당시에도 거기서 불렀던 것 같아요.

최철호   그리고 돌아가면서 다들 하고 싶은 이야기, 하늘에든 어디든, 돌아가면서 했던 것 같아요.

최순화   거기서 참 많이 우리 더 가까워졌던 것 같아요.

면담자   그때 노래를 부르시면서 부모님들께서는 어떤 느낌이
드셨는지요?

최순화   우리가 그리는 그리움은 밤하늘에 별이 정말 빼곡하
게 떠 있었어야 되는데, 별이 없진 않았어요. 그 대신 우리가 만든
이 리본, 304개의 초를 하나하나 다 일일이 붙여서 종이컵에다 이름
을 다 쓴 거죠. 이름 쓰고 거기다가 초를 넣어서 리본을 만드는 과
정…. 하나하나 애들을 이제 불러내서 이름을 부르고….

그때 하나하나 이름을 부르면서 자리에 갖다 놓고 리본이 완성
되는 그 과정이랑 초가 빛나면서 리본을 만들었을 때 그 느낌들이,
별이 내려왔는 거 같았어요, 이렇게 아이들이 하늘에서 별로 내려와
있는 그런 느낌도 있었고…. 미수습자 아홉 명에 대한, 그 수습되기
를 바라는 간절함이 제일 컸던 때잖아요. 세월호도 올라왔으니 세월
호 안에서 아홉 명[을] 제발 찾기를, 그런 마음이 간절했기 때문에,
그런 마음[을] 담아서 특별히 아홉 명을 가운데다 놓고 '제발 돌아오
라'는 그런 심정으로 미수습자들[을] 기다렸고, 기다리기도 했고….
그런 시간들이 우리한테 가족들뿐만 아니라 다 정말 같은 마음으로,
한마음으로, 부모 된 마음으로 같이 마음을 나눴던 것 같아요, 서로,
같이 잠도 자고, 그날 목포에서.

17
대표곡과 마음이 가는 곡

면담자　　　많은 말씀들을 하셨지만 노래마다 다들 의미를 가지고 계신 것 같아요. 노래 가사와 연결되어서 노래들마다 의미가 남다를 것 같은데요. 혹시 4·16합창단의 대표곡들이나 혹은 개인적으로 마음이 가는 곡들이 있다면 소개를 해주시면 좋을 것 같아요. 찌찌로 님께서 먼저 생각이 나시는 게 있으면 말씀을 부탁드릴게요.

최철호　　　막 고민 중이었는데(일동 웃음). 저는 사실은 아까 쉼표가 얘기했지만 저는 한두 가지 정도 노래[를] 좋아하는데, '사랑합니다' 노래도 좋아하고요. 그다음에 '약속해'도 좋아하고 그렇습니다. '사랑합니다'는 아까 얘기한 것처럼 앞에 잔잔하게 흘러가다가 후렴구 되면 "그리워, 그대 노래가" 이러면서 종료를 하거든요. 그래서 사실은 되게 앞에 밝게 부를 수 있는 노래인데, 밝게 부르고 밝은 분위기[를] 이어서 이제, 저는 밝게 부르는 게 좋거든요. 그래서 "그리워, 그대 노래가. 그대 내 가슴속 푸른 사람아" 이렇게 종료하는데요. 좀 아까 시찬 아버지, 푸른하늘이 "단단해지는 과정들이 필요했다"고 하는데 사실은 서로 좀 단단해져야 그런 노래도 밝게 부를 수 있는 거잖아요, 밝게 부르면서 서로를 향해 부르는 노래기도 하고. "그리워, 그대 노래가" 할 때 저는 하늘에 대고 부르는 느낌도 좀 있고, 또 한편으로는 옆에 사람한테 부르는 느낌도 있어요. "그리워, 그대 노래가. 그대 내 가슴속 푸른 사람아" [하고 부르면] '아, 푸른하늘이구나' 그래서 그런 느낌들이 되게 좋아서…. 신입 단원들하고

[환영 노래로] 그 노래 부를 때도 되게 좋고요. 그다음에 '약속해'도 그렇습니다.

면담자　　　푸른하늘 님께서는 마음에 특히 와닿는 노래가 있으신지요?

박요섭　　　지금 딱 생각나는 건 없어요, 솔직히 제가 말씀드리면. 왜 그러냐면 어느 순간 그 순간에 느껴지는 노래들이 딱딱 있어서 뭐 특별하게 [하나가] 있지는 않거든요. '그 노래가 생각나서 그 노래를 계속 부른다' 이런 건 없어요. 그치만 어느 순간에 생각나는 노래는 있고, 지금 순간에는 딱 생각나는 곡은 아직은 없고요. 예를 들어서 한참 막 내가 약해지려고 할 때 내 마음을 단단히 잡아야 된다고 생각할 때 그땐 투쟁 비슷한 노래들…. 우리가 싸움을 [하면서는] '내가 아빠다, 엄마다' 강조하면서 '끝까지 그걸 잊지 말고 싸워야 된다'라는 그걸 각인시킬 때, 그런 노래들을 불렀던 것 같고요. 그렇지 않으면 거의 제일 많이 생각나는 건 뭐 '잊지 않을게'죠. 저희한테는 뭐 대표곡이고, 어딜 가나 뭐 꼭 생각나는 곡이고, 아이들만 바라보는 곡이기 때문에 그 곡이 가장 생각이 나고요. 그다음에 지금에서는 우리가 합창단[을] 쭉 연습해 오면서 굉장히 [많은] 수십 곡을 연습을 했는데, 그 모든 곡들 하나하나가 다 스토리가 있고 사연이 있고, 그 불려졌던 현장 속에서 또 그 중요한 메시지들을 전달해 주었던 노래들이기 때문에 다 소중한 것 같아요, 다.

면담자　　　아버님도 이제는 '네버 엔딩 스토리'를 부를 수 있으신가요?

박요섭 아휴, 그럼요(일동 웃음). '네버 엔딩 스토리'는 부르죠. 한참 지난 다음에 다시 저희가 불렀죠, 합창단에서. 그때 처음에 부를 때는 힘들었고 공연할 때도 힘들었어요, 솔직하게 말씀드리면. 근데 그게 몇 번의 공연이 이어지면서, 어… 물론 뭐 흔들릴 때도 있지만, 그걸 내 안에서 좀 더 단단하게 했던 것 같아요. 그래서 울컥 넘어오는 것도…, 어떻게 표현해야 되나? 뭐 '눌렀다'라기보다는 그 울컥한 감정보다는 더 정확하게 내면에서 전달해서 이 마음을 전달했으면 좋겠다는 생각이 들어서, 그렇게 불렀던 것 같아요.

면담자 단장님께도 똑같은 질문을 드려볼게요. 마음에 닿거나 특별한 의미가 있는 노래가 있으신가요?

최순화 처음에 '어느 별이 되었을까', 가사를 접했을 때 '어떻게 이런 가사를 쓰지?' [했어요].

면담자 어떤 가사가 마음에 와닿았는지 조금만 더 소개해 주시겠어요?

최순화 "서쪽 하늘에 있나, 어느 별이 되었을까" 그다음에 뭐지? "새벽 하늘 위에[새벽 하늘에] 있나, 내 어깨에 와닿는[내려앉는]". 하여튼 정말 우리 마음인데, 우리 마음이 그대로 표현되어 있더라고요. 그… 노래를 처음 접했을 때 부모들은 다 울었던 것 같아요. 특히 생각나는 게 건우 엄마는, 지금 아파서 못 나오고 있는데, 그 엄마도 처음에 왔을 때 두 번째까지도 계속 울었던 것 같아요, 못 부르고. 그 엄마들은 '어느 별이 되었을까'를 접하면 다 한 번씩 다 울어 가지고 그런 분위기가 있는 그런……. 음… 또 목포 [신항에서 했던

100번째 공연]에서도 딱 그 느낌을 갖고 싶었는데, 별이 보이지 않아서 아쉬움이 있긴 한데, 그 노래는 완전 가사인 거죠, 가사. 가사가 너무나 와닿는, 언제나 날마다 하늘을 보면서, 밤하늘을 보면서 되새기는 그런 가사라서 항상 살아 있는 가사 같아요.

박미리　　마지막에 "내 별이 뜬다" 이렇게 끝나요. (노래하며) "내 별이 뜬다" 이렇게 끝나는데 그렇게 "어느 별이 되었을까"라고 노래하지만, 마지막엔 "내 별이 항상 하늘에 뜬다"라고 이야기하시는…. 이 곡은 '이소선합창단'이 세월호 1주기를 추모하면서 만든 곡이세요. 거기에 합창단원이신 분이 한글문화연대[에서 활동하는 분이]죠?

최철호　　한글문화연대 상임대표.

박미리　　네. 이건범 님이라고 그분이 글을 쓰시고, 이제 곡은 이현관 쌤이라고 하는 분이 만드셨는데, 지금은 평화의나무 지휘자시거든요. 저는 '어느 별이 되었을까'가 세월호를 이야기로 만들어진 곡이었고 그 곡을 저희가 받아서, 원래는 이소선합창단이 먼저 불렀는데 이제 저희가 받아서 부르면서….

최순화　　우리 거가 됐어.

박미리　　저희 대표곡이 됐죠, 네. 부모님들이 처음에 이 곡 부르셨을 때는 저도 또렷이 기억나는데, 가사를 다 못 부르셨어요. 예, 못 부르셨고, 그리고 아까 얘기하신 '약속해'도 저도 이제 기억이 나는데, 그 가사가 이제 윤민석 씨라고 하는 민중가요 가수분이 '잊지 않을게', '약속해' 이런 곡들[을] 만드셨어요. 그 '약속해'에서도 "우리

가 너희의 엄마다, 우리가 너희의 아빠다, 너희가 우리의 아들 딸이
다" 이렇게 얘기하시거든요. 근데 그거를 정말 시민들 앞에 가서 부
르시면 이 불특정 다수의 모든 시민들에게 "우리는 모두 함께 세월
호의 엄마 아빠들이었고, 그리고 우리가 모두 다 아들 딸이다" 하는
이야기가 굉장히 저도… 늘 '약속해'[를] 부를 때 그게 굉장히 크게 와
닿았었고요.

마지막에는 '약속해'를 선곡할 때는 그런 바램이 있었어요. 정말
마지막에 '약속해'에 크게 외치는 부분이 있거든요. (목소리를 높여서)
"약속해, 반드시 약속해. 내가 이 진실을 꼭 밝힐 거야, 얘들아 내가
약속해, 내가 진짜 규명을 할 거야" 그리고 "끝까지 책임자를 처벌할
거야" 이 얘기가 딱 나와요, '약속해'에. 우리가 지금 하고자 하는 이
야기가, 진실 규명과 책임자 처벌에 대한 이야기가 '약속해'에 나오
는데, 부모님들이 이 곡을 통해서 노래를 부르시지만, 이게 정말 완
전 울부짖음과 외침인 거죠, 다짐인 거고. 이래서 '약속해'를 한동안
선곡을 할 때는 그 자리에서 우리가 정말 노래로써 다시 한번 보여
주는, 굳은 의지를 보여주는 이런 곡이었죠. 요즘에는 조금 '약속해'
를 많이 안 부르는데, '잊지 않을게'를 오히려 더 많이 부르고.

근데 아까도 말씀드린 것처럼 때와 시기가 있다고, 노래도 탁 이
렇게 어떤 현장에서 불렀을 때 현장과 딱 맞아떨어질 때가 있거든
요. 그런 곡이었고, '약속해'가요, 그때 필요했던 시기였고. '인간의
노래'라는 곡도 있는데, '인간의 노래'는 평화의나무가 원래 불렀던
곡이고, 평화의나무 정기 공연이나 이럴 때 연합 공연을 하게 됐는
데, 그때 같이 부르게 되고. 심지어 일본… 이게 일본 곡이에요. 일

본 곡인데, 일본에 평화의나무가 교류하고 있는 '사이타마'라는 합창단이 불러서 평화의나무도 부르게 된 곡이거든요. 이 곡이 일본의 노동자가 투쟁하는 과정에서 만들어진 곡인데, 그 가사 중에 "살아서 살아서 끝내 살아서 끝끝내 살아내어" 이런 표현이 나와요. 그러면서 "희망의 노래 자유의 노래 평화의 노래를 부르자" 이런 노랜데, 그 곡을 부모님들이 부르실 때의 느낌이 완전 너무 다른 거예요, 세월호 부모님들이 부르실 때는. 저뿐만이 아닐 것 같아요. 4·16합창단 부모님들이 '인간의 노래'를 부르실 때는 느낌이 굉장히 달라서, 뭔가 좀 이렇게 힘 있는 자리에 저희가 연대를 갈 때, 노동 현장이나 이런 싸우는 장소에 갈 때는 '인간의 노래'를 부른 적이 있었거든요. '이렇게 힘드신 분들도 끝끝내 살아내서 싸워서 이겨내겠다' 하는 메시지를 주시기도 했고. 그래서 '인간의 노래'를 굉장히 감동적으로 듣는 분들도 계셨던 것 같아요.

박요섭　　　　저는 정확하게 이걸 누구한테 듣거나 그런 얘기는 안 했지만, 저희가 '인간의 노래'를 부르면서 저 또한 스스로도 느꼈던 거고. 그때 우리 부모들이 다 "이제 살아서 뭐 하나, 희망도 없고 미래도 없고. 살아서 뭐 해, 살아서 뭐 해" 그럴 때 그 노래가 이제 딱 들어온 거예요. 그래서 살려고 하는 의지가 생겼던 거죠, 그 노래를 들으면서. 그래서 저는 이 노래를 저희가 많이 부르고 다녔지만, '이 노래를 통해서 아마도 그런 마음을 품었던 사람들이 살려고 하는 의지가 생긴 분들이 분명히 있을 거다' 저희는 생각을 하거든요, 왜냐면 나도 그렇게 느꼈기 때문에. 그래서 이게 노래라든지 가사라든지 그런 하나의 말 한마디가 굉장히 힘이 있고, 왜 그렇게 해야 되는지에 대한 이유를 알려주는, 그런 어떻게 보면 좀 진리의 답을 해주는 것 같은 그런 느낌의 노래 가사들이어서, 굉장히 소중한 곡이에요, 이게.

박미리　　그게 유경근 [가족협의회] 집행위원장님이 언제 광화문에서 발언하시면서 저희 공연 바로 뒤에 발언을 하시는데, 저희가 그날 '인간의 노래'를 불렀었어요. 근데 그때 그 '인간의 노래'에 대해서 언급하시면서, "아이들이 전해주는 메시지 같았다. 엄마 아빠들에게 살아서, 끝끝내 살아내어 달라는 이야기 같았다" 그렇게 말씀하시더라고요. 그것도 기억에 남고요. 그리고 이제 그… '부모님들이 이 노래를 부르시면 어떨까?'라고 해가지고 부르게 된 곡들이 있어요. 근데 뭐 '우리 큰 걸음으로', [지금 촬영하시는] 익바가 좋아하시는 노래인데, '우리 큰 걸음으로'랄지, '내가 가는 이 길 험난하여도', 그런 곡들을 어떻게, 이게 딱 '해봐야겠다'고 생각하게 됐냐면, 부모님들 곁에 있어보니깐 '부모님들이 정말로 힘든 길을 가시는구나' 이런 걸 굉장히 봤었고, 또 하나는 [부모님들이] 늘 감사해 하세요. 이렇게 오늘도 느끼셨겠지만, 곁에 함께하시는 분들에 대한 감사함 이런 마음, 또 연대하러 가서가지고도 거기서도 그분들에 대한 감사한 마음을 표현하시더라고요.

　　그래서 이렇게 보면서 부모님들이 "내가 가는 이 길 험난해도 당신으로 인해서, 그대로 인해서 내가 힘을 얻었다"라고 하는, '이 고마운 마음을 노래로 표현하실 수 있으면 좋겠다'라는 생각이 들어서…. 그날도 정부 청사 앞에서 농성하실 때였는데, 농성하실 때 그 노래가 쭉 농성장 현장의 음악으로 나오고 있었어요. 이게 안치환 님의 노랜데, 어, 그날 들으면서 되게 확 박히더라고요. 그래서 그런 노래를 선곡해 가지고 '4·16합창단 부모님들이 부르시면 좋겠다'라고 해서 [선택한] 그런 곡들이 있죠. '내 가는 이 길 험난하여도', '우리 큰 걸음으로' [같은 노래들이 그런 노래들이죠].

박요섭   또 하나 생각나는 게, 저희가 연대의 동력들이 떨어져 갈 때 부모들이 조금 외톨이가 되어가고 뭔가 4·16이라는 게 잊혀져 가려고 한다[는 느낌이 들 때], 지금부터 그렇겠지만 그럴 때마다 좋았던 곡이 '함께 가자 우리 [이 길을]'거든요. 그게 저한테는 좀 권유도 하면서 '우리 같이 갑시다'라고 하는 그런 의미가 있어서, 그 곡도 지금도 계속 불려지고 있으니깐 너무 좋은 것 같아요.

박미리   뭐, 템포 있는 리듬 있는 곡을 하고 싶지만(일동 웃음), 잘 안 되는 경우의 합창단이잖아요(웃음). 그게 꼭 어떤 그 합창단의 성격 말고도 구성원들의 연배를 보면 아시겠지만….

최철호   어때서, 뭐 어때서? (웃음)

박요섭   뭐, 그 '삼일절 노래'도 잘 부르는데(웃음).

박미리   (웃으며) 그래서 리듬감 있는 곡이 사실 소화하기가 되게 어려운데, 그런 곡들이 이제…. 그게 아버님이 '함께 가자 [우리 이 길을]' 노래 이야기하시니깐 생각나는 곡이 있는데, '손을 잡아야 해'라는 곡을 저희가 부르게 됐어요. '손을 잡아야 해'라고 해서 템포 있고 리듬감 있고 밝고 희망찬 곡이거든요. 그래서 '함께 우리가 손을 잡고 나가야 된다, 힘들지만 이겨내자' 이런 곡인데, 처음 부를 때는 진짜 딱 (차렷 자세를 하며) 이렇게 경직된 느낌으로, 표정도 딱 굳어 있고 이렇게 몸도 딱 굳어 있었어요.

박요섭　　　우리는 원래 항상 그 자세로 해와서 그렇게 해야만 되는 줄 알았어요(웃음).

박미리　　　그러셨는데, 어느 순간 이 '손을 잡아야 해' 부를 때는 편안해지시는 것도 제가 이제 느꼈죠. 어느 현장에 갔는데, 그건 아마 지휘자도 그랬을 거예요(웃음). 오히려 지휘자가 더 울고 지휘자가 더 경직되어 있고, 굳어 있고 이랬는데, 어느 날 합창단이 '손을 잡아야 해' 할 때는 제가 조금 더 움직인달지 이러면 같이 함께 호흡하는 느낌이 확 오더라고요. 제 탓이었군요, 이야기하다 보니깐(웃음).

박요섭　　　그 처음에, 이 얘기를 안 할 수 없는 게, 누군가 합창단 안에서 눈가에 눈물이 딱 맺히면 지휘자 쌤이 바로 맺히거든요. 그러면 이제 그게 전체로 다 퍼져버려, 순식간에. 그러니깐 우리끼리 뭐라고 했냐면 "하늘 봐, 하늘 봐". 지휘자를 보고 우리가 합창을 하는 게 아니고요, 하늘 보고 합창을 했거든요, 처음에는. 왜냐면 [울음보가] 다 터져버리면 이게 완전히 난리가 나버리니깐. 어떻게든 그 감정을 또….

최철호　　　꼭 먼저 우는 사람들이 있어요. 그러면 또 지휘자가 그거 보고 울고. 근데 우리는 지휘자 보다가 또 울고.

박요섭　　　제주도에서는 통곡하면서 내려가신 분도 계셔가지고.

면담자　　　공연하시다가 스스로 내려가신 거예요?

박미리   네. 처음이었어요.

박요섭   네. 그냥 본인 스스로 갑자기 확 올라와서 너무 통곡
하시면서, 그냥….

최철호   스스로 주체가 안 돼서.

박미리   갑자기 노래하시다가, 제가 앞에서 지휘하는데, 그게
'인간의 노래'였어요. 그랬는데 너무 막 그러시니깐 이게 주체가 안
되고 이게 꺼이꺼이 우시는 수준이 되니깐 본인이 이렇게 얼굴을 가
리시고 우시다가 안 되겠셨는지 내려가셨어요, 노래 중간에. 그런
분도 계셨고. 눈물에 대한 건 저도 할 말이 많은데.

박요섭   그니깐. 먼 산 봐야 돼요(일동 웃음). 먼 산 보는 게 최
고예요, 딴 데 쳐다봐야겠다.

최철호   지휘자 눈에 핏발이 서 있어, 새빨갛게(웃음).

박미리   저도 한 30분 이야기할 수 있는데. 저도 억울해요(일
동 웃음).

18
공연에서 있었던 일들

면담자   눈물 얘기가 나와 생각이 들어 하는 질문인데, 어쨌든
공연을 잘 마치는 것도 중요하잖아요. 그런데 그렇게 눈물을 흘리거
나 하면 제대로 진행이 안 될 수도 있잖아요.

박요섭   저희가 연대 나가는 곳의 수준이 굉장히 높아요. 그걸 이해 못 하시는 데가 없더라고요. 오히려 노래를 엄청나게 잘하는 것보다는 그 감정을 담아서 흐느끼더라도 그렇게 부르고 내려갔을 때 더 연대를 느끼고 더 토닥여 주고 같이 힘내자고 하고 이런 경우가 더 많아요. 보통 합창단 같으면 엄청나게 잘해줘야 큰 박수받고 정말 잘한다고 응원을 받겠지만 4·16합창단만의 독특한 특징이고, 그건 힘인 것 같아요. 잘하고 못하고가 중요한 게 아니에요.

박미리   연출로 할 수 없는 일이니까요. 그 부분을 다 아시는 거죠, 읽으시는 거고.

박요섭   근데 뭐 지금은 노래도 잘하니깐(일동 웃음).

박미리   근데 이런 이야기를 하면서도 이렇게 같이 웃으면서 이야기를 하게 됐다는 게, 저희가 참 시간이 또 많이….

박요섭   그렇죠.

최순화   저희가 했던 발언들도 주옥같은 거 많은데.

면담자   어떤 발언이 있었을까요?

박요섭   특히 나는 잊지 않는 게 그….

최철호   용산에 있는 교회?

박요섭   예. 그 저기 (최순화를 보며) [단장님이] 서울 그 교회에서 쭉 읽으셨던 거. 전 그게 완전 기도문이었어요. 그게 저한테는 「시편」이었어요.

면담자   어디서 하신 어떤 발언이었나요?

최순화   그때 3주기 그때 아닌가요?

박요섭   그 용산에 그게 무슨 교회지?

최순화   아… 삼일교회.

박미리   거기가 삼일교회, 삼일교회에서 3주기 기획 공연으로 (박요섭 : 부활절 때) 그때 같이 공연했던 삼일교회 공연인데, [단장님이] 그때 글 쓰서가지고.

최철호   하나님에 대한 원망도 약간 포함되어 있고.

최순화   우리가 연대되어 있던 수많은 곳이 있거든요, 정말 많아요. 그중에서 '반올림'[반도체 노동자의 건강과 인권 지킴이]이 작년에 해결이 됐잖아요, '쌍차'[쌍용차 해고 노동자 복직]도 해결이 되고. 저기는… '파인텍'[파인텍 노동자 고공 농성]은 올해 좀 내려오셨지만, 그중에서 꼽으라면 저는 반올림. 2016년도부터 저희가 갔을 거예요, 해마다. 이제 황유미 님 몇 주기 때 갔었고, 농성장에도 한 네 번 갔나?

박요섭   오라면 하여튼 무조건 갔었는데.

최순화   거기서 그분들과 연대하는 마음이 정말 똑같아졌어요. 그분들의 마음하고 같아지는 걸 느꼈어요. '우리가 상처 입은 자이지만 그분들한테 가서 충분히 마음을 나눌 수 있는 그런 게 있구나. 우리도 힘을, 그분들한테 힘을 주고 함께 일어서게 해주는 사람이 될 수 있구나. 결과를 만들어낼 수 있구나' [하는 걸 느꼈었죠]. 그런 [반올림 문제가] 해결되는 걸 보면서, 물론 우리 힘은 아니죠, 그분들이 끈질기게 10년 이상 싸운 결과이긴 한데, 그 과정 속에 우리가 함께했었다는 거, 조금이라도 더 삼성의 나쁜 모습을 알리고 이 변화를 이끄는 데에 좀 힘을 보탰다는 게 굉장히 뿌듯하고 그래요. 노래는 잘 생각이 안 나는데, 하여튼, 그분들한테 노래 불러드리고 하면서 그 시간 동안 그분들하고 같은 마음이 되는 거라고 저는 느꼈어요.

박요섭　　　어느 순간[부터] 저희들의 위치가 어쨌든지 간에 경찰이라든지 약간의 힘 있는 사람들이 주시하게 되는 위치가 되더라고. 그래서 4·16합창단이 어디 왔다고 자기들끼리 막 보고도 하게 되고, 이런 걸 보면 저희가 활동을 올바르게 하고 있다는 생각도 들거든요. 그만큼 우리가 또 역량을 키워왔고 우리 합창단이 계속 그렇게 나아가야 된다라는 게, 옳은 길을 가고 있다는 지표라는 것 같아서 더 좋은 것 같아요.

박미리　　　세월호가 있고 몇 년 동안 늘 싸우는 현장, 현장마다 지금 돌이켜 보면 안 가신 곳이 없어요. 뭐 반올림도 그랬고, 쌍용도 그랬고, 용산 참사도 최근에 많이 가고, 또… 파인텍도 그러고 했지만. 부모님들이 그 현장에서 다른 합창단이 부르는, 만약에 똑같은 곡을 부르더라도 부모님들이 '손을 잡아야 해'라고 노래하시면, 이게 듣는 사람에게 완전 의미가 너무 다른 거죠. 그래서 그게 이제 4·16합창단의 큰 힘이 됐던 것 같아요, 그분들에게도. 그래서 더 메시지가 더 크게 다가가고, 네. 뭐 장애인연대나 차별철폐연대[전국장애인차별철폐연대] 그런 곳에도 몇 번 가고 했는데, 그분들이 저희가 (노래하며) "손을 잡아야 해, 힘차게" 노래 부르는데, 그게 너무 감동적이었대요.

최순화 　　　　(고개를 끄덕이며) 진짜.

박미리 　　　　이게 막 즐겁고 힘 있는 노랜데, 우시는 거죠. 그런 노래를 들으시면서 우시는 거죠. 그러니깐 부모님들이 노래하실 때 가사 전달은 아주 다른 곡이 되어버리는 거예요. 현장마다 어떤 곡을 부르느냐에 따라서 그 메시지의 전달이 두 배, 세 배로 다른 의미로 읽혀지는 거죠.

박요섭 　　　　뭐 거의 그런 경우는 없는데, 전에는 한두 번은 그런 경우가 있어요. 곡을 미리 선정해 놓고 연습도 하고 딱 준비해서 갔는데 현장 가서 보니깐 아닌 거예요. 한두 곡 바꾸는 경우도 있고, 현장성을 살려서 급하게.

최철호 　　　　급하게 바꿔도 노래 같아요, 그죠(일동 웃음).

박요섭 　　　　실력이 되니깐, 훌륭하신 분들이라.

최순화 　　　　실력이 되니깐. 아, 이제 점점 나온다.

박요섭 　　　　우리 합창단의 최대 미덕이 교만과 자랑(일동 웃음).

면담자 　　　　평소에 연습도 충분히 하시고, 또 서로에 대한 신뢰도 있으시니까 현장 상황 봐서 레퍼토리를 바꿔도 충분히 공연하실 수 있겠네요. 더 중요한 거는 연대 현장에서 마음을 전하고 나누는 이런 게 중요해서 그런 것 같네요.

최순화 　　　　아버님이 말씀하신 "잘한다"는 거에 제가 동의해서 한 말씀드리면, 작년에 기획 공연을 [안산 4·16]생명안전공원 예정 부지에서 했거든요, 화랑유원지. 근데 제일 어려운 노래가 '혼자사랑'이라는 노래가 있어요. 진짜 어려워요. 이거를 단 한 번이라도 안 틀리고 부르면 성공인 거예요.

박요섭   한 번도 그런 적이 없거든요.

최순화   그런 적이 없었어요, 진짜. 실제 공연에서도 틀릴 줄 알았어요. 근데 (박요섭 : 완벽하게) 초집중하니깐 어, 되더라고요. 안 틀리고 했어요, 그게.

박요섭   저도 깜짝깜짝 놀라는 게, 리허설 하러 올라가잖아요. 내가 생각해도 아주 진짜 엉망으로 부르고 내려와요. [그런데] 본무대 딱 올라가잖아요, 완전히 달라져요. 그래서 리허설 때 죽 쒀도 "우린 원래 본무대 체질이잖아"(일동 웃음). 근데 실제로 그렇게 되니깐.

최철호   리허설에 죽 쑤고 내려가면 지휘자 선생님은 얼마나 걱정이 되겠어요(일동 웃음).

박요섭   그리고 더 긴장하게 되고 집중하게 되고.

면담자   실력 얘기가 나와서 갑자기 생각났는데, 혹시 지휘자로서 판단하기에 부모님들이 노래는 어느 정도로 잘하시나요?

박미리   기준이 뭔가요? (일동 웃음)

박요섭   (면담자를 보며) 이렇게 입장 곤란하게 만드신다고(웃음).

면담자   그러면 질문을 바꿀게요. 처음 부모님들을 만나서 '네버 엔딩 스토리'를 작업하실 때와 지금을 비교하면 어떤가요?

박미리   그거는 뭐… 지금 제가 부모님들한테도 늘 연습 시간에 말씀드리는데요. 곡의 수준이 세 달을 연습해야 될 곡이었는데, 지금은 뭐 한 달 연습하면 다 소화가 되시니깐. 악보를 보는 능력이나 이런 것들은 이제 굉장히 많이 빨라지셨죠. 그리고 아까 전에 노래의 수준이 어떻냐고 생각하시냐는 그 질문에도 충분히 답할 수 있는데요. 전 진짜 진심으로 '4·16합창단의 노래는 대체 불가'라고 생각하고 있어요. '그렇기 때문에 저 같은 사람도 지휘할 수 있다'라고 생각하고 있거든요, 진짜로. 그래서 어… 비교할 수가 없는 거라고 생각해요, 예. 진짜로 뭐 국립합창단이 부르는 '못잊어'와 4·16합창단이 부르는 '못잊어', '못잊어'라는 곡이 있어요. 근데 그 곡을 음악적 퀄리티로 따진다면야 당연히 뭐 국립합창단을 손을 들 사람이 있을지 모르겠지만, 저는 당연히 노래는 가사 전달의 힘으로 부르는 거잖아요. 사람들한테 들려주는 건데, 누가 부르느냐에 따라서 어떤 노래를 부르느냐에 따라서 노래의 수준은 정해진다고 생각해요. 그래서 부모님들은 노래 너무 잘하시죠.

박요섭   그래서 지휘자님이 주신 점수는요? 엑설런트? (웃음)

박미리   서프라이즈죠, 저는. 어메이징, 어메이징.

박요섭   처음에 우리는 그냥 소프라노 한 단음으로 같이 부르는 곡들이 주 연습이었고요. 어느 순간부터 '파트를 좀 나눠볼까' 해서 두 파트 정도 시작하다가, 그랬죠. 그러다가 어느 순간 네 파트로 쫙 나눠지게 되고, 그것도 이제 네 파트도 되게 쉬운 곡들. 그러다가 어느 순간 어려운 곡들을 툭툭 던졌는데 그걸 소화하기 시작을 하니깐 지금은 맘 놓고 던지시죠(일동 웃음). 그 수준까지 이제 왔다고 자랑 아닌 자랑을 하는 겁니다.

박미리   아까 말씀하신 '혼자사랑'이 그런 곡이었어요. 되게 어려운 곡인데, 작년에 기획 공연 때 '혼자사랑'을 부르려고 했던 거는 이게 자장가하고 연결해 가지고 혼자만의 사랑, 부모님들의 마음 이야기를 꺼내고 싶어 가지고 '혼자사랑'을 선곡한 거였는데, 그래서 자장가와 연계해서 부르면 되게 어려운 곡이긴 해요. 근데 하셨죠, 하셨고, 지금도 3월 1일, 그 삼일절 100주년 공연을 준비하면서 연합 공연곡까지 하면 아주 수준 있는 네 곡을 3주 만에 해내야 되는데, 저희가 이제 2주 연습했거든요. 그리고 이제 [연습이] 다음 월요일 날 1주 남았는데, '그렇게 3주 만에 해도 하시겠구나'라고 하는 게 저도 느껴질 만큼 아주 집중력 있으시고, 연습을 집중력 있게 하시고, 또 개인 연습도 요즘은 하시는 것 같고요, 집에서도. 그리고 악보 보는 것도 많이 능력이 이제 탁월해지셨죠.

박요섭   삼일절에 광화문 본무대에 저희가 올라간다니깐.

면담자   그때 레퍼토리를 지금 살짝 공개해 주셔도 될까요?

박미리   그게 다 새로운 곡들인 거예요.

박요섭   완전히, 전혀 모르는 곡이에요.

박미리   하나는 '잘가오, 그대'라는 곡인데, 그 곡은 원래 있던 민중가요인데요. 갑자기 헷갈리네, 문승현? 그분이 작곡한 곡인데 저희가 삼일절에 부를 곡으로 '잊지 않을게'와 같이 엮어서 편곡을 부탁을 드렸고요. 그래서 이제 저희가 단독으로 부르는 곡이 '잘가

오 그대'라는 곡을 불러요. 그리고 이제 연합곡은 시민 합창단이 이소선합창단, '6·15합창단', 저희 합창단 이렇게 세 개 합창단이 같이 부르는 곡인데, 하나는 '백두에서 한라, [한라에서 백두로]' 역사성을 가진 곡이고, 통일에 대한 의지. 그리고 이제 또 한 곡은 '아리랑'과 '우리의 소원'을 같이 믹스한 곡이 하나 있고요. 그리고 '깍지손평화'라고 이번 100주년 기념해서 새롭게 창작한 곡이 있는데, 그 곡을 이제 하니까요.

최순화	굉장합니다.
최철호	'백두에서 한라'가 아니라 '광야에서'예요.
최순화	네, '광야에서'.
박미리	아, '백두 한라'는 저기가 부르시는구나, 6·15[합창단] 분들. 그러네, '광야에서'. 대표적인 곡이죠.
최철호	'광야에서', '깍지손[평화]', '아리랑', 이렇게.
박미리	네, 그렇게.
박요섭	뭐 '광야에서'는 한 두어 번 부르니깐 다들 그냥 하시던데요.
박미리	이제 그 정도는 그러니깐 너무 쉬우신 거예요.
박요섭	파트 연습 안 시켰는데도 다 파트 부르고 있고. 너무 자만했나요?
최철호	아니요.

박요섭	사실을 얘기한 거예요.
최철호	그죠, 그죠.

19
모꼬지

면담자	그리고 초반에 모꼬지에 대한 말씀이 잠깐 나와서 제가 여쭤보려고 했는데요. 모꼬지는 어떻게 언제 가시게 된 거예요?
박요섭	그 모꼬지는, 원래 저희가 모꼬지를 가자 말자 이런 개념조차도 없었어요. 근데 언젠가 제가 지금 정확하게 생각은 안 나는데, 평화의나무가 모꼬지를 간 적이 있어요. 그래서 거기 같이 응원차 겸사겸사… 뭐 초청도 해주셨나?
최순화	우리가 그냥 갔죠.
박요섭	그냥 갔죠. 응원차 갔는데, 평화의나무 단원분들이 다 모여 계시고 그 가족도 다 모여 계시고 그 분위기가 너무 좋은 거예요. '우리 합창단에도 이게 필요하겠다'라고, 가고 나서 이제 거기서 느꼈던 거죠, '우리도 모꼬지를 꼭 했으면 좋겠다'[라고]. 근데 우리 형편이 그게 또 안 되거든요, 말은 그게 너무 좋고 하지만 실행에 옮기기까지. 그다음 다음 해에나 됐죠, 바로 안 됐어요. 저희가 의견을 내도 그거 동의해서 그게 일이 이루어지기가 시간이 되게 오래 걸리거든요, 다들 그 마음이 같이 들어야 되니깐. 모꼬지 모꼬지 노래를

계속하다 보니깐 저희가 하게 됐고, 모꼬지를 갔다 와서 이제 우리 그 부모님들도, 다른 [일반 시민] 단원분들도 느끼게 된 거죠, '이게 필요한 거구나'라고. 거기서 하룻밤을 새면서 단합을 하면서, 마음을 나누면서 그런 것들이 '또 합창과 다른 또 새로운 연대감을 갖게 하는 것들이 있구나' 하고 그때 느끼게 된 거죠. 그래서 '모꼬지가 꼭 필요하구나' 해서 지금 두 번 갔다 오고 그랬네요.

면담자	1박 2일 동안 어떤 프로그램을 진행하셨나요?

박요섭   그때그때 달라요.

면담자   보통 특별한 프로그램을 짜서 가시죠?

구술자 일동   짰죠, 네.

면담자   어떤 거였는지요?

최철호   그 밥 먹고, 그다음에 쉼표랑 같이 사는 느낌표가 공동체 놀이를 진행했죠. 크게 놀았죠, 뭐 여러 가지, 진짜.

최철호   놀아본 적이 없는데 애들처럼 신나게 놀았어요, 조짜서.

박요섭   그리고 부모들한테 좀 두려움이 '우리가 그렇게 놀아도 될까' 그런 두려움[이 있어요], 세월호 참사 이후에. 그런 것들 때문에 많이 망설여졌던 건데, 다들 거기서 또 다들 내려놓으시고 이 공동체 안에서 같이 마음을 나누는 거에 열심히 참여하면서 그렇게 하시더라고요.

최철호　　　　사람들마다 좀 그때 의견들이 달랐는데, 그러니깐 '좋다, 싫다'가 아니라, 가서 이렇게 공동체 놀이 할 때 뭐 '사냥꾼이 왔다, 빵' 뭐 이런 [놀이 같은] 게 있었잖아요. 뛰어다니고, 깔깔 뛰어다니고 이런 게 있었는데, 그거 말고는 누워서 각자 이야기도 써보고 이런 거 있었는데, 어떤 분들은 "뭐 써보고 이런 게 되게 좋았다"는 분도 있었고. 근데 저는 뛰어다니는 게 되게 좋았어요(일동 웃음). 그 이유가 뭐냐면, 그러니깐 저도 재밌고, 저도 재밌고 그러니깐…. 아이고, 막 그렇게 다들 환하게 웃는 게 너무 좋은 거예요.

박요섭　　　　진짜 처음으로 그렇게 환하게 웃는 모습들 다 본 것 같아.

최철호　　　　예, 예, 그러니까. '사람들이 이렇게 예쁘게 웃는구나' 이런 생각이 들어서.

박요섭　　　　공연이랑 가서 저희가 연습 때도 그렇게 웃을 수가 없거든요.

최철호　　　　서로 농담하고 좀 깔깔거리고 하지만, 그거하곤 또 다른 거죠.

박미리　　　　맘껏 웃고 맘껏 땀을 흘리면서 같이 이렇게 몸을 부대끼면서, [한] 공간 안에서.

최순화　　　　얼마나 저질 체력들인가가 탄로 났어요(일동 웃음).

박미리　　　　얼마나 안 움직이나, 느낌표가 진행을 하는데 (최순화 : 힘들다고) 원래 몸 놀이 프로그램을 한 다섯 개 준비하고 마음을 꺼낼 수 있는 프로그램을 몇 개 준비를 했어요. 저랑 "이렇게 이거 이런 거 하려고 하는데 어때?" 이랬을 때 저도 "몸 놀이 다섯 개는 좀 힘들 것 같아. 체력이 안 되실 거야. 아이들이 아닌데", 막 이러면서 [준비]했던 기억이 나고요. 근데 그래도 거의 많이 했어요.

최순화　　힘들어했어, 힘들어.

최철호　　그래서 그날 밤에 좀 주무실 분들은 주무시고…(웃음).

박미리　　(최철호를 보며 웃음)

최순화　　아, 그때 나, 나한테 혼났구나, 안 자가지고.

박요섭　　계속 우린 얘기하고 싶은데 "빨리 들어가서 자라"고 단장님[이] 얼마나 혼내시는지.

최철호　　그 숙소 구조가 1층과 2층이 있는데 다 트여 있어서, 1층에서 계단 올라가면 2층이고 다 트여 있었어요. 이 2층 올라가서 주무시는데 몇 명이 1층에서 계속 소주 홀짝홀짝하고 얘기하고 그러니깐 (최순화를 가리키며) "안 자고 떠든다"고(일동 웃음).

박요섭　　그다음에 갈 때는 최대한 편하게. 뭐 "프로그램 갖지 말고 놀게 해주자"라고 했는데, 그게 잘 안 되잖아요.

박미리　　그래서 이제 그다음 날은, 저희가 [남양주] 수종사 근처를 갔었거든요, 그래서 수종사 근처에서 아침에 일어나 가지고 그 동네 산책하고. (박요섭 : 처음 모꼬지에서) 원래는 산 타고 그러려고 했는데.

최순화   난 안 나갔어(일동 웃음).

최철호   '산 팀'과 '안 산 팀'으로 나뉘었죠.

면담자   모꼬지에서 밝게 웃는 그런 모습들을 처음 보셨다고
하셨는데, 사실 보통 시민들은 유가족분들이 밝게 웃는 모습을 잘
상상하기 힘들거든요.

박요섭   그리고 저희 웃으면 힘들잖아요. "유가족이 웃어?" 이
렇게 욕을 먹을 수 있어서 스스로도 통제를 했고. 우리는 뭐 그런 존
재로밖에 여길 수밖에 없었기 때문에 그렇게 할 수밖에 없었죠. 근
데 모꼬지 가서는, 말 그대로 우리 식구 같은 4·16합창단 단원들만
있잖아요. 그래서 그 안에선 서로 어떤 걸 해도 다 서로 웃어주고 감
싸줄 수 있다는 것 때문에, 편하게 내 마음을 내려놓고, 그런 것들을
믿어줄 수 있었던 거죠. 다른 데서는 절대 안 되는 거죠.

20
합창단 외부의 시각

면담자   아버님 말씀대로 사실 외부인들이 유가족분들을 보는
시선에는 오해나 선입견이 섞인 것들이 있는데요. 4·16합창단은 일
반 시민분들과 유가족 부모님들이 함께한다는 특성 때문에, 그렇게
내부적으로는 같은 합창단원이라도 외부에서 바라볼 때는 부모님들
과 일반 시민 단원들을 다르게 보는 시각이 있었을까요?

최철호   근데 제 느낌에는 특별히 그렇지 않은 것 같아요. 왜냐면 어차피 이름도 '4·16합창단'이잖아요. 그래서 "여기 일반 시민분들도 같이 있다"고 소개하고 인사하지만, 어머니 아버지들만 합창단을 꾸려본 적이 없으니깐 비교하긴 그런데, 그래서 '바라보시는 무게나 느낌이 좀 달랐을까?' 하고 생각하면 '크게 안 달랐을 것 같다' 이렇게 생각이 들기도 해요. 제 생각은 그렇고요. 어차피 '4·16합창단'이라는 그 느낌으로 바라보지 않았을까요?

면담자   그럼 질문을 조금 바꿔서 여쭤볼게요. 처음 시작할 때 시찬 아버님께서는 합창을 같이하시기 전에 '지금 이 판국에 무슨 노래냐' 이렇게 생각하셨다고 했잖아요. 혹시 합창을 하지 않는 다른 가족분들 중에서도 그런 시각을 계속 가진 분들이 계실 것 같은데요?

박요섭   지금은 아닌 것 같고요. 저희가 합창단[을] 계속 활동할 때도 그런 시각을 가지고 보는 분들이 있죠. 당연히 있죠. 가장 큰 오해가 '쟤들은 무대 올라가고 싶어서 저렇게 하는 거야'라는 거죠. 보여주고 싶어서 우리가 이렇게 활동하는 것처럼 오해하는 부분, '쟤들은 나서는 거 좋아해' 뭐 이런 것들, 그런 오해들이 있죠. 근데 앞에 나선 자의 몫인 것 같아요, 그건. 누구든 앞에 나서는 순간 그 소리는 다 듣게 되는 것 같아요, 어떤 영역에서든지 간에.

최순화   지금은 그렇지 않은 것 같고요. '잘했으면 좋겠다'라는 바람이 있는 거 같아요], 4·16 가족들의 얼굴이니깐, 대표성을 띠니깐'.

박요섭   오히려 가족들은 자부심을 가지고 있는 것 같아요, 저희한테.

최순화   '더 잘해줬으면' 이런 기대들이, 기대감들이 [있죠].

박요섭   그리고 못하면 "아휴, 좀 잘하지" 더 창피해하고, "아유" 막 이러면서(일동 웃음). 우리는 괜찮은데, 가족들이 더 막 그러기도 하고…. 저번에 저희가 온마음센터 모임의 날에서 노래를 불렀거든요. 몇몇 가족분들이 "너무 잘한다"면서, 그게 느껴지는 게, 부러워서 그 말을 하는 게 아니고 자랑스러워서, 그리고 고마움의 느낌인 것 같아서 너무 감사했거든요.

면담자   그래서 "4·16합창단이 잘하니까 나도 해보고 싶어" 이렇게 자원하시는 가족분들은 더 없으신가요?

박요섭   가장 큰 숙제예요, 우리가 풀어야 할.

최순화   '하고 싶은 마음이 있다'는 뜻을 전해오기도 하는데, 워낙 스케줄이, 우리 스케줄 보고… 지금 몸들이 다 약해져 있잖아요. "도저히 소화 못 할 것 같다. 체력이 딸려서 못 한다" 이렇게 얘기하는 부모들이 있고, '너무 많은 시간이 흘러서 배워야 할 노래가 많은데 어떻게 따라가지' 이런 걱정들이 앞서는 것 같아요.

면담자   이제는 너무 잘하시다 보니까 진입장벽이 높아진 건가요?

박요섭   아, 그거보다는, 어쨌든 그동안 합창단이 쌓아온 시간들이 크기 때문에 '지금 시작하면 요 갭을 어떻게 메꿀까'에 대한 고민이 너무 큰 거예요, 새로 하시는 부모님들이, 어려우신 거죠. [합창단] 안에 들어와서 하시면 괜찮을 것 같은데, 우리 생각에는, 그분들 입장에서는 너무 힘들고 그래서 제가 말할 때는 "공연 안 가셔도 돼요. 그냥 월요일 날 연습 때 같이 나와서 연습만 같이해요. 노래 부르고 얘기하고 같이 밥 먹고 그것만 해도 됩니다. 공연 가려고 하는 거 아니니깐 그거 안 가셔도 상관없어요"[라고] 얘기함에도 불구하고 그분들은 그 첫걸음 내딛는 것 자체가, 본인들이 스스로 이제 그 4·16합창단에 대한 관념을 고정을 해버리신 거죠. 그래서 그 첫걸음 떼기가 되게 어려워하시는 것 같아요.

최순화　　　아버님 저 말씀이 사실인데, 진심인데, 정말 공연 안 가도 되고 우리 합창단에서 노래하면서 느꼈던 것들을 같이 나누고 싶은, 같이 누리고 싶은 그런 마음이 더 크거든요, 사실은. 부모들이 와서 한 명이라도 더 마음의 안정을 찾고, 자기가 할 일을 찾고, 이 안에서 위로받고, '아, 이런 인간관계도 있구나' 서로 느끼면서…. 정말 새로운 경험이거든요. 그거를 느껴봤으면 하는 게 정말 진심이에요, 뭐 공연 같이 가자는 게 아니라.

박요섭　　　맞아요. 저희 합창단[의] 또 장점 하나 자랑을 하면, 상처받았던 분들이 와가지고 상처가 많이 치유가 되거든요. 우리 가족도 그렇지만, [일반 시민들 중에] 세월호 활동을 하다가 상처받으신 분들이 굉장히 많더라고요. 그분들이 같이 많이 했으면 좋겠어요. '와서 그 마음[의] 상처였던 부분에 대해서 그걸 같이 나누고, 이 안에서 같이 그런 것들을 좀 이겨내서 혹여라도 좌절되고 주저앉아 있던 그런 마음들이 다시 일어설 수 있으면 좋겠다'라는[라고] 하는 속마음, 그런 것들을 다 가지고 계시죠.

면담자   이번에 신입 단원 여덟 분이 들어오셨다고 했는데 그 분들 중에서 유가족도 계신가요?

박요섭   없어요. 아, 가족은 계세요, 삼촌.

박미리   한 분, 작은아버지가 한 분.

면담자   합창단을 하면서 특히 치유가 되었던 경험들을 다른 분들과 나누고 싶어 하신다고 말씀하셨잖아요. 앞으로 장기적으로 같이하자고 권유할 계획 같은 걸 혹시 가지고 계시나요?

박요섭   그냥 만나면?

최순화   고민해 봐야 될 것 같아요. 구체적인 방법을 진짜 고민을 해봐야 될 것 같아요. 예은 어머니가 최근에 오셔서 모꼬지를 같이 갔었죠. 온 지 얼마 안 돼서 모꼬지를 같이 갔는데 그 자리에서 하는 말이 "이거를 다른 부모들도 누렸으면 좋겠다"는 말을 하더라고요. 그 말을 들었을 때 아, 저는 놀랐어요. '아, 그렇구나. 다른 부모들도 좀 누릴 수 있어야 되는데 우리만 누리고 있는 게 미안하기도 하고'. 말씀하셔서 구체적으로 좀 고민을 해봐야 될 것 같아요.

박요섭   어떻게 뭐 권유를 해도 그렇고, 얘기를 해도 그렇고…, 그 첫걸음 떼는 게 다들 너무 힘들어하시고 어려워하셔[가지고], 그게 가장 큰 고민이고 해결해야 될 숙제거든요. 그래서 그런 부분에 좀 조예가 깊으신 분들의 조언도 좀 받고 싶고….

면담자　　　일반 시민 단원으로서는 이런 식으로 유가족분들이 더 오시는 것에 대해서는 언제나 계속 좋아하고 환영하시나요?

박미리　　　당연히, 네, 네.

면담자　　　지금 계시는 가족분들하고는 시간이 흐르면서 인간적으로 가까워졌지만 또 새로운 가족분이 오시면 또 그분들과의 관계에서의 무거움과 어색함, 이런 것들이 있지 않을까요?

박요섭　　　우리 합창단 내에서 또 금방 친해졌다가 금방 또 어색해졌다가 그래요(일동 웃음).

최철호　　　그런 거는 없을 거 같아요. 왜 그러냐면, 이미 여기 관계들이 있고 분위기가 있잖아요. 사실은 그래서 지금 가족분이 새로 오셔도 [어색함이] 크게 오래갈 것 같진 않은 그런 느낌이 들고요. (최순화를 보며) 실제로 중간중간에 새로 오신 분들 보면 그렇지 않나요?

최순화　　　네, 맞아요. 그건 걱정하덜덜덜 말아도 돼요(웃음).

면담자　　　아, 제가 괜한 걱정을 했네요.

박요섭　　　만약에 예를 들어서 저희 인원이 한 다섯 명만 모여 있는데 새로 오신 분이 한 분이 있다면 어울리기가 되게 어려우실 거예요. 근데 합창단은 많은 인원이 있다 보니깐 그분이 툭 와도 그분의 성격을 커버해 주고 그분과 같이 얘기해 주는 동지가 있더라고요, 짝꿍이 있고. 그럼 그분들하고 같이 친해지면서 합창단 안에서 그분이 계기가 돼서 전체에게도 같이 문이 열리는….

〈비공개〉

21
앞으로 합창단의 목표

면담자　　이제 마지막 질문으로 넘어갈 건데요. 단장님께 먼저 여쭤봐야 될 것 같아요. 올해 합창단의 계획이나 목표가 있다면 어떻게 되나요?

최순화　　당장 제일 큰 거는, 목표? 미국 공연이죠, 미국 공연이 5월 9일부터 20일까지. 오늘 여기 [구술하러] 만나기 전에 미국에서 오신 그분들하고 만나서 구체적인 거 일정이나 그런 이야기 나누었는데, [공연이] 여섯 번인가, 처음에 일곱 번 잡혀 있었어요, 11박 12일 동안.

면담자　　거의 매일 공연을 하셔야 되네요.

최순화　　그러니까요(웃음). 이게 한번 공연이 성사되기 위해서 얼마나 많은 과정들이 필요한데, 그 미국에 가서 11박 12일 동안 일곱 번을 공연을 한다는 게 이게 엄청난 건데 '이거를 어떻게 해내지?' 물론 지휘자님 몫이 거의 다…(웃음). 근데 그분도 이거를 전혀 생각지 않았다가 딱 떠안은 거죠. 딱 떠안아 가지고 이제 이분이 미국에서 그 전 일정에 대해서 다 본인이 일정을 짜고 해야 되는데, 오늘 만나서 문제가 뭔지를 저희가 확인하게 됐어요, 여러 가지 문제들이 되게 많다는 거. 그래서 처음에는 미국에 가게 될 거라는 것도 생각지도 못했고, 이 공연이 성사될 거라는 거라고도 생각하지 못했는데 여기까지 왔고, 어떻게든 다 얘기한 상태고, 이제 세세한 일정이 나오는데… 어려운 일들이 태산 같지만 잘될 거라고 생각해요. 그 부분에 대해서 마음이 모아지면 서로 협력해서 되긴 될 건데, 5주기 끝나고 바로 미국 갔다 와야 되는 게 제일 큰 것 중에 하나고…. 올해 또 저희가 어… 4·16재단 응모 사업에 응모를 해서 음반을 제작하는 것을 응모했었고, 그게 선정이 됐는데, 재정이 온마음[센터]에서 저희한테 지원이 되고, 또 재단에서 지원이 되면 한 단체가 두 군데서 재정을 지원이 돼서 이중 지원이 된다는 그 문제가 있나 봐요. 그래서 그거는 좀 내년으로 미루던가 해야 될 것 같아요.

면담자　　어쨌든 올해나 내년에는 음반이 나온다는 거군요.

최순화　　그러려고 했는데, 그래서.

박요섭　　음반 만드는 것이 재재작년부터 저희가 계속 얘기를 했던 건데요. 단장님이 그 얘기를 하시거든요, 얼마나 좋은 게 나오려고 이렇게 힘들게 진행이 되는지 모르겠다고. 한 번도 쉬운 게 없었고, 지금도 쉽지 않거든요.

최순화　　내년으로 미뤄야 될 것 같아.

박요섭　　그리고 어쨌든 미국 공연도 안전하고 아무 일 없이 갔다 와야 되는 것이 최대 목표라, 잘하고 못하고를 떠나서 그 부분의 염려가 가장 크죠. 그리고 가을에 저희 정기 공연. 앞으로도 계속 세월호에 관련된 활동들 할 거고.

최철호　　저희가 찾아가는 공연도 몇 번 가기로 했죠. (최순화 : 네, 네) 초청받아서 가는 게 아니라 우리가 가서 그렇게.

박요섭   길거리 버스킹[공연]도…. 숙제들은 여러 가지 던져졌는데, 그거랑 또 합창단이 합창을 부르면서 율동을 하자는 것까지(일동 웃음). 숙제를 던져줬는데 얼마나 잘 수행할지는 연말에 또 가 보면 알 것 같아요.

박미리   엊그제께 제가 집에서 혼자 집에서 노래 부르면서 율동하다가 딸이 "또 왜 그래?" 그랬어요(일동 웃음).

면담자   가까운 계획에 대해서 여쭤봤고요. 이번에는 같은 질문을 네 분한테 다 할 건데요. 4·16합창단이 앞으로 어떻게 발전되거나 유지됐으면 좋겠는지 여쭤보려고 합니다. 또 혹시 개인적으로 4·16합창단에 바라는 점이 있다면 어떤 건지도요. 미래의 4·16합창단의 모습을 한번 상상해 보셔도 좋고요. 지휘자님부터 부탁드리겠습니다.

박미리   '합창단을 통해서 무엇을 해야 되겠다'고 생각한 적은 없었던 것 같아요. 어떤 목적을 가지거나, 먼저 목적이 있고 무엇을 했던 적은 없고, 어… [처음] 안산을 갔던 것도 그렇고 부모님들과 같이 노래를 불렀던 것도 그렇고 늘 그래야만 했었던, 그래야 될 것 같은 그런 마음의 움직임으로 늘 제가 그 자리에 제가 있었던 저를 발견하게 되고 그랬어요. 저는 앞으로도 4·16합창단이 뭔가 목표를 세워놓고 가지 않아도, 지금 걸어왔던 길처럼 또 다른 것들을 이루어낼 것이라는 생각이 있고요. 그래서 음… 나아갈 방향 이런 거는 생각해 본 적이 없네요(웃음).

면담자   함께하고 있는 이 순간순간이 그 자체로 의미가 있는 거라는 말씀이시죠.

박미리   네. 그것이 더 소중하고, 늘… 무엇을 향해서 가는 것
보다 그 마음 갔던 그곳에 제가 있었던 거, 그리고 이분들이 계셨던
거, 이제 그게 가장 큰 힘인 것 같아요. 저는 음악이 갖는 힘이, 그
또한 합창이나 노래의 힘일 수도 있는 것 같은데, 어떤 삶을 살면서
무엇을 향유하기 위해서 음악을 하거나 노래를 선택하는 게 아니라
이것을 통해서 음악이 갖고 있는 사회적 역할을 해내는 것, 그것이
저는 음악 하는 목적이었거든요, 제가 음악을 하는 이유가. 그래서
공연장을 찾아가 티켓을 사서 공연장에 찾아가 듣는 음악이 아니라
늘 일상에서 함께하는, 삶에서 함께 녹아드는 그런 음악을 하고 싶
었고…. 그래서 사람의 삶을, 일상의 변화를 조금이라도 이끌어낼
수 있는 그런 노래들, 그런 걸 부르는 게, 앞으로도…. 그래서 부모
님들이 계속 월요일 날 노래 부르러 나오시는 거, 그게 가장 큰 목표
아닐까요? 예, 예. 그런 것 같아요. 노래를 부르러 [오시고] 그런 일상
의 변화들을 합창단을 통해서 이루어내시는 거, 사람을 조금 더 많
은 사람들을 노래를 통해서 만나시는 거, 네, 그게 저는 바람이라면
바람이에요. 처음 같은, 마음이 똑같아요.

면담자   아버님께서는 어떠신가요?

박요섭   내 순서인지 몰랐어요. 왼쪽만 쳐다보고 있었는데(웃음).

박미리   저도 제가 처음인지 몰랐어요(일동 웃음).

최순화   예측 불허, 예측 불허.

박요섭　　　　깜짝 놀랐네. 마지막에 단장님을 시키려고 이렇게(웃음). 어… 뭐 바라는 거 그러면 어떻게 해야 될지…, 그거에 대해서는 제 개인적인 생각은 처음이나 지금이나 똑같고요. 합창단을 하려고 했던, 활동하려고 했던 목적도 지금은 변함은 없고요. 어쨌든 '4·16의 진실 알리기와 4·16에 대해서 우리가 하려고 했던 그 목적들에 대해서 분명하게 길을 묵묵히 가고 싶다'는 생각을 하고요. 더불어서 이제 그 길을 걷다 보니 또 내 시선에 보이는 다른 일들, '너무나 힘들고 고난받는 현장들이 많다. 그곳에서 또 우리가 4·16합창단으로의 역할을 분명히 그곳에서 같이해 줘야 한다'는 의무감이 생기는 거죠. 그래서 장기적으로는, 지금은 4·16 활동이 퍼센티지가 굉장히 크고, 연대하는 활동들이 퍼센티지가 좀 낮은 편이지만, 미래에 예측하기에는 반대가 되겠다는 생각을 해요. 그래서 4·16 활동은 조금 작아질진 모르지만, 또 다른 곳에서 우리 4·16합창단이 연대하는, 그다음에 '적폐'라는 세력과의 싸움에서 큰 역할을 하는 그런 4·16합창단이 되어 있지 않을까…. 그래서 계속 끊임없이 달려가고 달려가고 달려가서 어… 우리 다음 세대에는 정말 이런 아픔들이 없이, 힘듦 없이 정말 인간다운 삶을 살 수 있는 세상이 오는 그날까지, 그게 언제[가] 될지는 모르겠지만, 4·16합창단이 계속 달려가지 않을까라는 소망을 가져봐요.

최철호　　　　끝나셨죠? 좀 더 길게 하시지(웃음). 사실은 공연에서 발언하라 하셔서 제가 농담처럼 "앞으로 30년은 우리 계속 노래할 거다" 그랬어요. 마이크 잡고 사람들한테 그렇게 이야기를 해서.

박요섭   "30년" 못을 박아놓으셔서.

최철호   그래서 해야 돼요. 여기서 누구도 빠져나갈 수가 없
어요.

박미리   (촬영자를 가리키며) 빠져나가신 분, 저기 있네요(일동
웃음).

최순화   다시 오셔야죠(웃음).

최철호   그죠. 그 이야기 조금 이따 다시 하고요(일동 웃음). 그
래서 오래오래 노래했으면 좋겠어요. 일단 제가 즐거워서요. 이분들
[을] 계속 뵙고 싶고, 오래오래 노래했음 좋겠는데, 아까 부모님들 말
씀하시면서 다른 부모님들도 좀 [함께했으면 하셨는데], 신입 단원 모
집하면 부모님보다 다른 [일반 시민]분들이 더 많으시니까…. 그래서
이렇게 함께 계속하고, 뭐 어떻게 할지는 잘 모르겠지만요. 바램만
이야기하면, '계속 이렇게 쉽게 쉽게 들어와 줄 수 있으면 참 좋겠다'
이런 생각이 들고요. 그리고 세월이 쭉 지나면 사실은, 어떻게 보면
뭐 31년째 되면 [기존 구성원이] 노래 안 하고 다 빠져나가고 나면, 이
제 [4·16합창단에] 남은 사람들이 사실은 부모님들이 아닐 수도 있죠.
저는 그래서 '전혀 다른 구성원으로도 우리 지금 4·16합창단이 지향
하는 바를 안고 가는 합창단이 계속 존재할 수도 있겠다', 전혀 다른
구성원을 가지고도, 그런 생각에서 그렇게 계속 이어갔으면 좋겠다
는 생각이에요.

박요섭   그때 '상임고문' 하고 계실 거잖아요?

최철호   그렇죠. 사람들 '고문' 하고 막 이렇게(일동 웃음). 그리고 또 하나 얘기하면 아버님 말씀하고 비슷한 얘기인데, 어… 저희가 이렇게 여러 가지 연대를 하러 다니고 이렇게 하는데, 사실 연대라는 게 '가서 노래 한번 해준다' 이런 의미는 아니잖아요. 그보다 조금 적극적으로는 서로가 서로의 아픔을 공유하고, '내가 니고, 니가 내다' 이런 느낌들이 있어야 되는 건데…. 그래서 그냥 뭐 향후에는 좀 더 세월이 흘러가면, 제 생각에는 그렇게 한번 가서 노래해 주고 그쪽에서 우리 집회 와주고 이런 방식을 좀 넘어서는, 넘어서는 방법을 좀 더 고민해야 되겠으나, 좀 더 세게 표현하면 '동맹'이라고나 할까? 그렇게 표현할 수 있겠죠. 그래서 정말 한편이 되어주고, 저희가 '진상 규명', '책임자 처벌' 그리고 더 나아가 '안전 사회' 이런 이야기를 할 때, 안전 사회가 뭐 어느 날 갑자기 이루어지진 않겠죠. 근데 그게 결국은 세월호 부모님들과 그에 연대하는 사람들 힘만으로는 저는 그렇게는 안 될 거라고 생각하고요. 그거는 다른 분들과도 계속 같이 아픔을 겪고 손잡고 해야 되는데, 그냥 노래 한번 해주는 게 아니라 단단한 동지 같은 느낌의 이런 팀들이 이렇게 계속 같이 만들어서 가고, 그런 세월들이 좀 있었으면 좋겠다는 생각이 듭니다.

박요섭   그럼 합창단도 많아져야 되네요.

최철호   아니, 꼭 합창단 아니라도(웃음).

면담자   "30년"을 약속하셨으니 저도 30년 후에 회고하는 구술을 한 번 더 진행하면 좋겠네요.

최철호   그때는 서로 보청기 끼고 "어?" 이러면서(일동 웃음).

면담자   단장님께서는 혹시 '30년 단장님'도 하시려나요? (일동 웃음)

박요섭   교황직하고 똑같아요.

최순화   재앙, 재앙, 재앙이야.

최철호   그죠. 그게 고정되어 있는 사실이죠(웃음).

면담자   단장님은 앞으로의 바람이나, 또 합창단의 미래상은 어떻게 그리고 계시는지 여쭤보고 싶습니다.

최순화   어… 애들이 좀 들어왔으면 좋겠어요. 생존 아이들도 들어와서… 걔네들을 이렇게 안아주고 싶고… 그런 마음도, 형제자매도 그렇고. 계속… 걔네들을 생각하는 마음이 있는데, 어… 아직은 어려운 것 같아요. 어쨌거나 합창단은 계속 이어질 건데, 먼 미래에는 걔네들이 이미 들어와 있을 것 같아요, 형제자매들도 있을 것 같고. 그래서 이런 4·16합창단의 성격은 변하지는 않을 것 같아요. 뭔가 다른 사람이 들어와서 뭐 성격이 변해지고 엉뚱하게 아주 잘나가는 합창단? 그런 걸 그리는 건 아니고 이런 지금의 4·16합창단의 모습, 이런 성격, 이런 내용들로 채워지는 이 합창단의 모습이 꾸준히 이어질 것 같아요. 그리고 거기에는 생존 아이들도 들어와 있고, 형제자매들도 있고 그래서 더 계속 끈끈해지고. 어… 더 많은 사람들을 품어 안을 수 있는, 품이 넓어지는 그런 합창단이 기대가 돼요. 우리 노래가… 직접 작사 작곡한? '4·16합창단을 통해서 새로운 노래가 만들어졌으면' 하는 바람도 있어요, 기대가. 지휘자님은 부모님들한테 가사[를] 빨리 내라고 말씀하셨는데, 그런 게 나와서 우리만 위로받는 게 아니라 다른 사람들도 같이 위로받을 수 있는 국민적인 노래가, 우리로부터 시작되는 그런 노래가 있었으면 좋겠어요. 그런 노래를 만들어서 불려졌으면 좋겠어요.

면담자　　　그 말씀은 정말 기대가 되는 말씀인 것 같아요.

박요섭　　　역시 단장님은 다르죠?

최순화　　　제일 끝에 했잖아(웃음).

면담자　　　시간이 거의 다 되기는 했지만 그래도 혹시 '이 말은 꼭 해야 되는데 하지 못했다' 하는 말씀이 있으실까요?

최순화　　　(면담자를 가리키며) 닉네임 생각났어요. 해드릴까요?
(웃음)

면담자　　　네, 네.

최순화　　　높은음자리표.

박미리　　　왜요, 왜요?

박요섭　　　그 옛날 가수 아닌가?

최순화　　　아니, 머리가 유난히 이렇게 빛나는 것 같아. 아니 아니, 머리가 아니라 얼굴 부분이.

박미리　　　높은음자리표를 본 따서요?

최순화　　　(둥글게 손짓하며) 여기가 크잖아요, 머리가.

최철호   (배를 짚으며) 그럼 저는 가온음자리표(일동 웃음).

면담자   네, 무슨 의미인지 좀 더 생각을 해보겠습니다(일동 웃음).

박요섭   근데 우리 단장님의 의도는 항상, 좋은 방향 속에서 얘기를 해주신 거예요, 항상.

면담자   네, 감사하게 받겠습니다(웃음).

박미리   저 못다 한 이야기해도 되나요? (면담자 : 네, 네) 아까 그 바람하고는 좀 다른 이야기일 것 같은데, 이건 개인적인 그냥 마음인데, 건강하셨으면 좋겠어요, 정말. 그거는 부모님들이 오래오래 건강하시고 저희들도 건강하고 해서 합창단의 단원들이 모두 건강해서 하고 싶은 일들이 참 많아요. 노래를 통한 것뿐만 아니라 어… 저는 이제… 어떤 유가족분들이든 또는 뭐 사회의 상처 입은 분들이든 일상을 온전하게 회복하실 수는 없겠지만, 그 전에 일상을 회복하실 수는 없겠지만, 그래도 조금의 일상의 회복에 곁에 함께할 수 있는 그런 사람이었으면 좋겠다는 개인적인 바람이 있거든요. 그래서 꿈꾸는 그림들이 있어요. 오래오래 건강하셔 가지고 정말 4·16합창단, 창현 어머니 단장님 팔순 잔치 때 우리가 축하곡을 불러드린다든지, 이런 합창단원으로서 개인의 삶도 서로의 일상을 삶을 공유하고 나눌 수 있는 그런 합창단이 됐으면 하는 바람이 있습니다. 다들 건강하시기를….

박요섭   저는 단장님 얘기 듣다가 갑자기 '내가 해야 될 일이 생겼구나' 하는 게 생각이 났어요. 아이들이 들어오고 또 다음 세대가 이렇게 들어오면 꺼먼 비닐봉지에 간식이나 사서 날라야 되겠구나(일동 웃음). 흰머리 돼가지고 (건네는 시늉과 노인 목소리를 흉내 내며) "먹고 해" 이러면서 "좀 더 열심히 해" 이러면서(일동 웃음).

박미리   그거라도 하셨음 좋겠다.

박요섭   그러니깐. 그런 소망이 갑자기 생기네요, 말씀을 들으니깐.

최철호   (노인 목소리를 흉내 내며) "성심당 부추빵 알아?" (일동 웃음).

최순화   성심당은 살아 있을 거야, 그때도.

박요섭   "더 먹어" 하면 애들은 질색하는 거지, 그러면(웃음).

면담자   그러면 30년 후에도 이렇게 건강한 모습으로 다시 뵐 수 있길 바라면서 오늘 구술을 마치도록 하겠습니다.

최철호   (면담자를 보며) 30년 뒤에도 꼭 불러주십시오(일동 웃음).

구술자 일동   수고하셨습니다. 고생하셨습니다.

4·16구술증언록 유가족 활동 단체 제4권

그날을 말하다 4·16합창단

ⓒ 4·16기억저장소, 2020

기획 편집 4·16기억저장소 | **지원 협조** (사)4·16세월호참사가족협의회
펴낸이 김종수 | **펴낸곳** 한울엠플러스(주)
초판 1쇄 인쇄 2020년 4월 1일 | **초판 1쇄 발행** 2020년 4월 16일
주소 10881 경기도 파주시 광인사길 153 한울시소빌딩 3층
전화 031-955-0655 | **팩스** 031-955-0656 | **홈페이지** www.hanulmplus.kr
등록번호 제406-2015-000143호

Printed in Korea.
ISBN 978-89-460-6796-7 04300
     978-89-460-6801-8 (세트)
* 책값은 겉표지에 표시되어 있습니다.